Hans G. Bauer · Elisabeth Bauer

Lebendiges Französisch 1

Ein moderner Sprachkurs
für Schule, Beruf und Weiterbildung

Max Hueber Verlag

Hans G. Bauer · Elisabeth Bauer

LEBENDIGES FRANZÖSISCH 1

Ein moderner Sprachkurs für Schule, Beruf und Weiterbildung

Sprachliche Durchsicht und Beratung: Marie-Claude John-Deguille, Jean Reynaud, Françoise Stuhlfelder-Bouya
Verlagsredaktion: Ingeborg Holzapfel
Umschlagentwurf und Layout: Karl Schaumann
Projektleitung: Roland Schäpers

Redaktionsschluß der 1. Auflage: Mai 1978

1. Auflage

4. 3. 2.	Die letzten Ziffern
1983 82 81 80 79	bezeichnen Zahl und Jahr des Druckes.

Alle Drucke dieser Auflage können nebeneinander benutzt werden.

Satz und Druck: Druckerei Georg Appl, Wemding · Printed in Germany
ISBN 3–19–00.3131–2

VORWORT

Das Lehrwerk **Lebendiges Französisch** ist für Jugendliche und Erwachsene geschrieben, die in überschaubarer Zeit und mit Vergnügen praktisch anwendbares Französisch lernen wollen.

Der Kursteilnehmer hat von der ersten Lektion an die Möglichkeit, in realistischen Situationen zu sprechen, die ihn auf einen Frankreichaufenthalt vorbereiten. Aber auch an Inlandskontakte ist gedacht. Das Verständnis von Zeitungstexten, Plakaten, Aufschriften wird ebenso wie das Hörverständnis systematisch erarbeitet. Dem Briefeschreiben kommt als wichtigster Form der Textproduktion besondere Bedeutung zu.

Die durchgehende Ausrichtung der Inhalte auf die Interessenlage des modernen Menschen gestattet von Anfang an ein anregendes Gespräch zwischen den Lernenden. Es besteht auch in zunehmendem Maße die Möglichkeit, eigene Meinungen zu äußern.

Die humorvollen Zeichnungen dienen in gleichem Maße der Motivation wie der Veranschaulichung von Sprechintentionen und grammatischen Strukturen. Zahlreiche themenbezogene Farbphotos ergänzen die Dialoge und Texte.

Eine sorgfältige Abstimmung der kommunikativen Lernziele auf die linguistische Progression gewährleistet, daß auch der echte Anfänger nicht überfordert wird. Klare Grammatikdarstellungen in den Lektionen, sowie ein systematischer Grammatikanhang bieten dem Kursteilnehmer die gewünschten Einsichten und Übersichten.

Das Lehrwerk **Lebendiges Französisch** besteht aus zwei Bänden, die zum VHS-Zertifikat Französisch führen. Der vorliegende 1. Band umfaßt im Sinne eines «Grundbausteins» die für eine Behauptung in französischsprachiger Umgebung unerläßlichen sprachlichen Mittel. Ein *Arbeitsbuch* und *Arbeits-Cassetten* bieten zusätzliche Übungsmöglichkeiten, auch für die lehrerunabhängige, häusliche Arbeit.

Nach dem 2. Band sind Sie auf dem Stand eines mittleren Schulabschlusses, d. h. es werden Kenntnisse vermittelt, wie sie etwa für den Übertritt an die Oberstufe eines Gymnasiums erforderlich sind.

Grundlage der Erarbeitung waren die von der Pädagogischen Arbeitsstelle des Deutschen Volkshochschulverbandes erarbeiteten Richtlinien (Das VHS-Zertifikat Französisch 1977) und die von der Expertengruppe des Rats für kulturelle Zusammenarbeit des Europarats vorgelegten Arbeiten (Un niveau-seuil, Strasbourg 1976).

In diesem Lehrbuch wird ein Symbol benutzt, das für die Arbeitstechnik wichtig ist:

○○ bedeutet, daß zum entsprechenden Lektionsabschnitt Tonaufnahmen vorliegen, deren Einsatz vom Lehrer bzw. vom *Arbeitsbuch* gesteuert wird.

INHALTSVERZEICHNIS

1

1A A l'hôtel

- Monsieur?
- Bonjour, Mademoiselle.
  J'ai réservé une chambre.
- Vous êtes Monsieur . . .?
- Legrand
- Voilà . . . Monsieur
  Legrand de Rouen.
- Je ne suis pas de Rouen,
  je suis de Bordeaux.
- Ah oui, excusez-moi,
  vous êtes Monsieur Thierry
  Legrand de Bordeaux.
- C'est ça.
- C'est la chambre numéro 2.
  Voilà la clé.

1 B **Au restaurant** ꝏ

– C'est pour dîner?
– Oui.
– Vous avez réservé, Madame?
– Non.
– Vous êtes combien?
– Quatre personnes.
– Voilà une table pour quatre.

1 C **Conversation en classe**

1. Je suis . . . . .

Je suis Monsieur . . . . .
Madame . . . . .
Mademoiselle . . . . .

Je suis de Munich.
Francfort.
Cologne.
Vienne.

Et vous, Monsieur?
Madame?
Mademoiselle?

2. Vous êtes . . . . . ? – Je ne suis pas . . . . . .

Vous êtes M. (Mme, Mlle) . . . . .? – Oui, c'est ça.
Non, je ne suis pas M. (Mme, Mlle) . . . . . .
Je suis M. (Mme, Mlle) . . . . . .

Vous êtes de . . . . . , Mademoiselle? – Oui, c'est ça, Monsieur.
Non, je ne suis pas de . . . . . , Monsieur.
Je suis de . . . . . .

3. Wenn Sie den Anzeigenteil einer französischen Zeitung betrachten, finden Sie viele bekannte Wörter. Sie haben sie bisher vielleicht nicht ganz richtig ausgesprochen. Sprechen Sie Ihrem Lehrer nach oder hören Sie die Tonbandaufnahme an.

Beachten Sie: Das Mehrzahl -s wird nicht gesprochen.

ANNONCES

BOUTIQUES

GARAGES

APPARTEMENTS

VILLAS

ingénieur

MONTEUR

HÔTELLERIE

RÉDACTEURS

CHAUFFEUR

RÉF : 513222
CH. COIFFEUR (EUSE)
Diplomé (e) ✆ (91) 37.47.15

contrôleur

SECRÉTAIRE DE DIRECTION

arli
TRAVAIL TEMPORAIRE
SECRETAIRES
STÉNODACTYLOS
5, r. Drouot. M° R.-Drouot.

4. Vous êtes secrétaire?

Vous êtes	secrétaire,	Madame?
	coiffeuse,	Mademoiselle?
	coiffeur,	Monsieur?
	monteur,	
	ingénieur,	
	chauffeur,	
	sténodactylo,	

Oui,	Monsieur,	je suis	secrétaire.
Non,	Madame,	je ne suis pas	coiffeuse.
	Mademoiselle,		coiffeur.
			monteur.
			ingénieur.
			.....
			.....

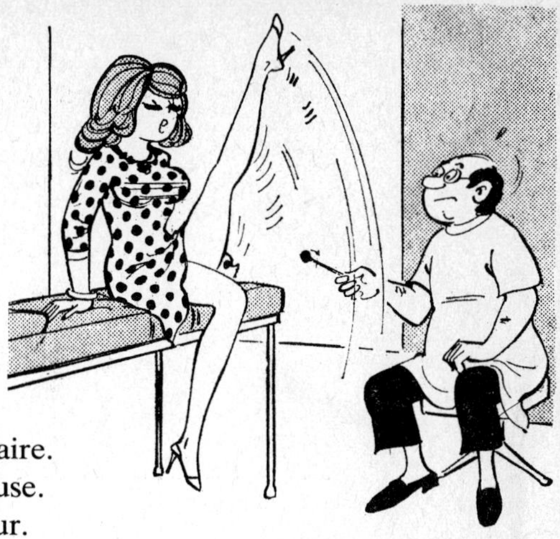

– Je suis danseuse de music-hall !

1 D Der bestimmte Artikel (Singular)

männlich:		*weiblich:*	
le restaurant	*das* Restaurant	**la** chambre	*das* Zimmer
le garage	*die* Garage, *die* Reparaturwerkstatt	**la** table	*der* Tisch
		la personne	*die* Person
l'ingénieur	*der* Ingenieur	**l'**annonce	*die* Annonce
l'appartement	*die* Wohnung	**l'**hôtellerie	*die* Hotellerie, *der* Gasthof
l'hôtel	*das* Hotel		

Der bestimmte Artikel ist entweder **le** (männlich) oder **la** (weiblich).
Vor Vokal werden le und la zu **l'**, ebenso vor einigen Substantiven, die mit h beginnen. Das h wird im Französischen nicht gesprochen.

1 E Setzen Sie den bestimmten Artikel ein.

a. C'est . . . chambre de M. Legrand? – b. Voilà . . . clé numéro 4. – c. C'est . . . appartement de M. Fournier? – d. C'est . . . restaurant Ecrevisse. – e. C'est . . . table pour M. Lefèvre. – f. Voilà . . . annonce de . . . hôtel Alexandre.

1 F **Vervollständigen Sie die Sätze.**

Voilà . . . . .

Voilà . . . . .

Voilà . . . . .

1 G **Bringen Sie die Antworten in die richtige Reihenfolge.**

Vous êtes Madame Lefèvre? –
Vous êtes de Normandie? –
Vous êtes combien? –
Vous avez réservé? –

Oui, je suis de Rouen.
Oui, une table pour quatre.
Non, je suis Mlle Fournier.
Quatre personnes.

1 H **Au restaurant.**

C'est . . . dîner? – Vous . . . réservé? – Vous . . . combien? – Voilà . . . . . . pour quatre. –

1 I ꝏ

a. Sie kommen in ein Restaurant und sagen dem Kellner, daß Sie einen Tisch bestellt haben: – . . . . .
– Pour combien de personnes?
– . . . . .
– Vous êtes M. (Mme, Mlle) Lefèvre?
– Non, ...

b. Sie holen einen französischen Gast am Bahnhof ab. Fragen Sie ihn, ob er Herr Legrand ist. Begrüßen Sie ihn. Stellen Sie sich vor.

2

2A A la papeterie

– Vous désirez, Madame?
– Vous avez des cartes routières de France?
– Oui, j'ai les cartes Michelin.
– Une carte Michelin, s'il vous plaît.
– Et avec ça, Madame?
– Un stylo à bille, un bloc-notes, deux enveloppes et un plan de la ville.
– Voilà, Madame. C'est tout?
– Oui, c'est tout. C'est combien?
– Quinze francs.
– Vous avez des timbres?
– Je regrette, je n'ai pas de timbres. Mais le bureau de poste n'est pas loin.
– Merci, Madame.
– Au revoir, Madame.

2B Dans la rue

– Pardon, Madame, où est le bureau de poste, s'il vous plaît?
– C'est là-bas.
– Merci, Madame.
– De rien.

2C **Au bureau de poste** ꝏ

– C'est combien, une carte postale pour l'Allemagne?
– Un franc.
– Alors, 10 timbres à un franc, s'il vous plaît.

. . . . .

– Votre sac, Mademoiselle!
– Ah, merci, Monsieur.

2D ꝏ

– *Vous n'avez pas de voiture, cette année?*

2E **Conversation en classe**

1. C'est votre . . . . .?

Fragen Sie einen anderen Kursteilnehmer:

C'est votre | stylo à bille, Monsieur (Madame, Mademoiselle)?
sac
clé
bloc-notes

2. Wonach können Sie im Schreibwarengeschäft (im Restaurant, im Hotel) fragen? Vous avez un (une) . . . . .?

3. Vous avez une voiture?

CITROËN	FORD	AUDI	VOLKSWAGEN
PEUGEOT	FIAT	SIMCA CHRYSLER	MERCÉDÈS
			RENAULT

Fragen Sie Ihren Nachbarn (Ihre Nachbarin):

Vous avez une	Renault?	–	Oui, Monsieur (Madame).
	Ford		Non, j'ai une Volkswagen, etc.
	etc.		Je n'ai pas de voiture.

4. Vous avez . . . . .? – Je n'ai pas de . . . . . . ꝏ

Vous avez des timbres?	– Oui, Monsieur (Madame).
	– Je regrette, je n'ai pas de timbres.
Vous avez un stylo à bille?	– Je regrette, je n'ai pas de stylo à bille.

a. Vous avez des cigarettes? – b. Vous avez un bloc-notes? – c. Vous avez un plan de la ville? – d. Vous avez une carte routière de France? – e. Vous avez des cartes postales de Paris? – f. Vous avez une enveloppe? –

5. Pardon, Monsieur, où est . . . . . ?

Pardon, Monsieur, où est le café de Cluny?

Fragen Sie nach dem Restaurant «la Cambuse», dem Hotel «Alexandre», dem Postamt, dem Schlüssel Nr. 4, dem «Café de France», der rue de Rivoli. –

2F **Der bestimmte Artikel und das Substantiv im Plural**

Singular		*Plural*		
le timbre	[lətɛ̃br(ə)]	**les timbres**	[letɛ̃br(ə)]	*die* Briefmarken
l'hôtel	[lotɛl]	**les‿hôtels**	[lezotɛl]	*die* Hotels
la rue	[lary]	**les rues**	[lery]	*die* Straßen
l'enveloppe	[lɑ̃vlɔp]	**les‿enveloppes**	[lezɑ̃vlɔp]	*die* Briefumschläge

Der Plural des bestimmten Artikels ist für männliche wie weibliche Substantive **les**. Vor vokalischem Anlaut und meist vor h erfolgt Bindung (les‿hôtels). Der Plural des Substantivs wird in der Regel durch Anhängen von **-s** gebildet. Die Substantive auf -eau hängen -x an (le bureau – les bureaux).
Beachten Sie die Pluralbildung der zusammengesetzten Substantive:
le stylo à bille – les stylos à bille, le bloc-notes – les blocs-notes.
Die unregelmäßigen Pluralformen sind jeweils im Wortschatzverzeichnis aufgeführt.
Die Pluralendungen -s und -x werden nicht gesprochen. Singular und Plural unterscheidet man in der gesprochenen Sprache nur durch den Artikel.

2G **Der unbestimmte Artikel**

	Singular		*Plural*	
männlich:	**un** timbre	[ɛ̃tɛ̃br(ə)]	**des** timbres	[detɛ̃br(ə)]
	eine Briefmarke		--- Briefmarken	
	un‿hôtel	[ɛ̃notɛl]	**des**‿hôtels	[dezotɛl]
	ein Hotel		--- Hotels	
weiblich:	**une** carte routière	[ynkart(ə)]	**des** cartes routières	[dekart(ə)]
	eine Straßenkarte		--- Straßenkarten	
	une enveloppe	[ynɑ̃vlɔp]	**des**‿enveloppes	[dezɑ̃vlɔp]
	ein Briefumschlag		--- Briefumschläge	

Des + Substantiv bezeichnet eine unbestimmte Anzahl zählbarer Dinge. Im Deutschen steht dafür kein Artikel:
Vous avez **des** timbres? – Haben Sie Briefmarken?
Beachten Sie die Bindung: un‿hôtel, des‿hôtels, des‿enveloppes.

2 H **Fragen Sie nach dem Preis.**

Vous êtes dans une papeterie:
C'est combien, un film Kodak?

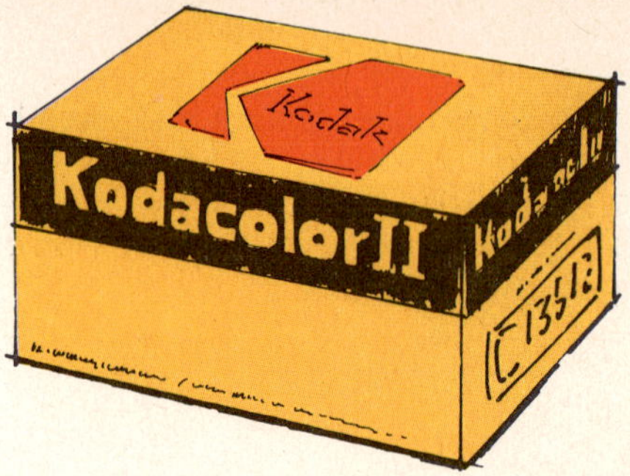

2 I **un – une**

a. C'est combien . . . chambre avec télévision? – b. Vous avez . . . plan de la ville? – c. Voilà . . . carte routière de France. – d. Vous avez . . . timbre à 1 F? – e. Voilà . . . stylo. – f. Vous avez . . . table pour quatre?

2 K **les – des**

a. Vous avez . . . chambres avec télévision? – b. Vous avez . . . clés? – c. J'ai . . . timbres à 1 F. – d. Vous avez . . . cartes routières? – e. J'ai . . . cartes Michelin. – f. Vous avez . . . cartes postales?

2 L **Die Verneinung mit ne . . . pas**

Ce **n'**est	**pas** loin.	[snɛpɑ]	Das ist *nicht* weit.
Je **ne** suis	**pas** M. Legrand.	[ʒənsɥipɑ]	Ich bin *nicht* Herr Legrand.
Je **n'**ai	**pas de** timbres.	[ʒnepɑ]	Ich habe *keine* Briefmarken.
Je **n'**ai	**pas de** voiture.	[ʒnepɑ]	Ich habe *kein* Auto.

Ne . . . pas umschließt das konjugierte Verb wie eine Klammer.

Beachten Sie:

Vous avez **une** enveloppe? – Je **n'**ai **pas d'**enveloppe.
Vous avez **des** timbres? – Je **n'**ai **pas de** timbres.

Pas de ist die Verneinung des unbestimmten Artikels. Deutsch «kein».

2M **C'est** . . . – **Ce n'est pas** . . . . ᴑᴑ

C'est loin, le bureau de poste? – Non, ce n'est pas loin.

a. C'est tout? – Non, ... – b. C'est le contrôleur? – c. C'est l'hôtel Eden? – d. C'est le numéro? – e. C'est réservé? – f. C'est là-bas? – g. C'est Nancy? – h. C'est la rue de Rivoli?

2N **Bringen Sie die Antworten in die richtige Reihenfolge.**

Vous désirez? –	C'est là-bas.
Merci, Monsieur. –	Ah oui, merci, Monsieur.
Où est la chambre numéro 4? –	Des cartes postales, s'il vous plaît.
C'est votre sac, Madame? –	De rien.

2O

Verlangen Sie im Restaurant die Karte.
Fragen Sie im Hotel, was ein Zimmer mit Fernseher kostet.
Fragen Sie, wo das Zimmer Nr. 15 ist.
Fragen Sie auf der Post, was ein Brief (une lettre) nach Deutschland kostet.
Sprechen Sie jemanden auf der Straße an und fragen Sie ihn, ob es weit bis zur rue de Rivoli ist. Bedanken Sie sich.
Sie werden in Paris nach einer Straße gefragt. Sagen Sie in höflicher Form, daß Sie nicht aus Paris sind, aber daß Sie einen Stadtplan haben.
Sie haben eine Tasche gefunden. Fragen Sie eine Dame, ob die Tasche ihr gehört.
Sie sollen etwas notieren. Sagen Sie, daß Sie einen Schreibblock, aber keinen Kugelschreiber haben.

3

3A A la gare

– Un billet pour Bordeaux, s'il vous plaît, deuxième classe. – C'est sur quel quai?
– Quai 3, voie 5.
– A quelle heure?
– A 10 heures 15.
– Merci, Monsieur.

3B Dans le train

– C'est libre ici?
– Oui, Mademoiselle, . . . Je peux vous aider?
– C'est très gentil, Monsieur.
– Vous avez beaucoup de bagages, Mademoiselle. Vous allez loin?
– Oui, je vais chez des amis à Bordeaux.
– Cela tombe bien. Moi, je vais à Arcachon.

3C Qu'est-ce que vous cherchez?

– Pardon, Madame, je cherche le syndicat d'initiative.
– C'est tout droit jusqu'à la place de la Comédie. Ensuite, vous tournez à gauche, vous traversez la place et vous avez le syndicat d'initiative à droite.
– Merci beaucoup, Madame.

3 D **Stadtplanausschnitt von Bordeaux**

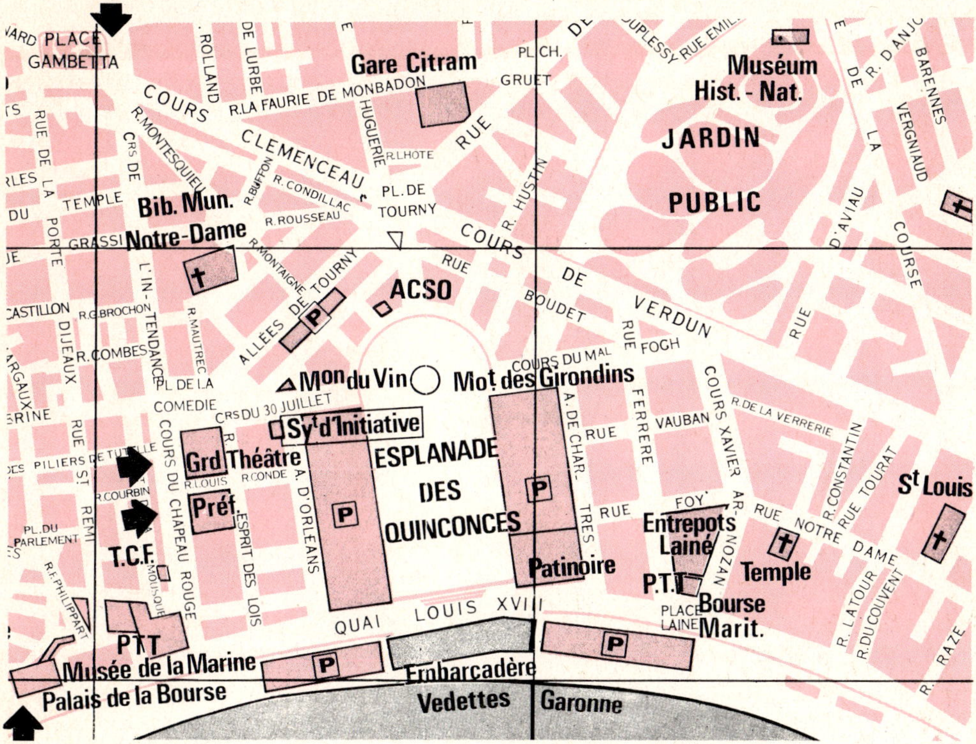

3 E **Conversation en classe**

1. Betrachten Sie den Stadtplan von Bordeaux.

Vous êtes avenue d'Orléans devant le syndicat d'initiative.

Fragen Sie nach dem Weg:

Pardon, Monsieur, pour aller
au palais de la Bourse?
Pardon, Monsieur, où est la place
Gambetta?
Le grand Théâtre, s.v.p.?
La Préfecture, s.v.p.?

Ausdrücke für die Antwort:

Vous allez tout droit jusqu'à . . .,
et vous tournez à gauche,
ensuite vous tournez à droite,
vous traversez la place,
vous avez . . . à droite (à gauche).

2. Vous allez . . . – Je vais . . .

Vous allez en vacances en France.

Où allez-vous? – Je vais à . . .

Betrachten Sie die Karte. Jeder Kursteilnehmer, der eine Antwort gegeben hat, fragt einen weiteren.

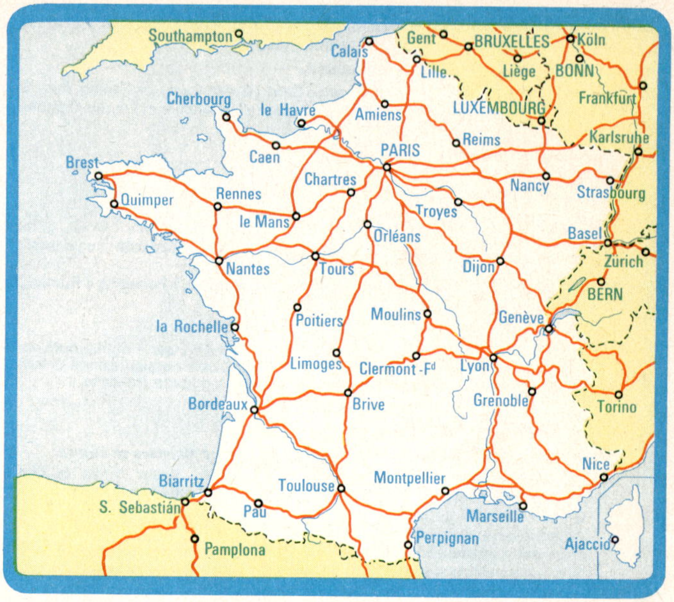

3. Excursions en autocar

Vous allez en Provence en train (en voiture, en car)?
Non, je vais en voiture, etc.

Vous allez en Camargue en . . . ?

4. Quel quai?

Betrachten Sie die Abfahrtstafel:

Le train de Lyon, | c'est sur quel quai?
c'est sur quelle voie?
c'est à quelle heure?

Bringen Sie die Antworten in die richtige Reihenfolge.

allez loin? –	Dans le train.
t votre ami? –	Non, à droite.
éservé une place pour vous. –	Je vais à Bordeaux.
ıambre numéro 13 est à gauche? –	C'est très gentil.

3P

Fragen Sie, wann und auf welchem Bahnsteig der Zug nach Reims abfährt.
Verlangen Sie eine Fahrkarte nach Reims.
Bieten Sie einer Dame Ihre Hilfe an.
Fragen Sie, wo der Wagen (voiture) Nummer 16 ist.
Sagen Sie, daß Sie zwei Plätze reserviert haben.
Fragen Sie, wo der Speisewagen (voiture-restaurant) ist.

La cathédrale de Reims

3F **Die Grundzahlen von 0 bis 16**

Alleinstehend		*vor Mitlaut*		*vor Selbstlaut*	
0 zéro	[zero]				
1 un, une	[œ̃, ɛ̃] [yn]			un ingénieur	[ɛ̃nɛ̃ʒenjœr]
2 deux	[dø]			deux heures	[døzœr]
3 trois	[trwa]			trois heures	[trwazœr]
4 quatre	[katrə]	quatre francs	[kat(rə)frɑ̃]	quatre heures	[katrœr]
5 cinq	[sɛ̃k]	cinq francs	[sɛ̃frɑ̃]	cinq heures	[sɛ̃kœr]
6 six	[sis]	six francs	[sifrɑ̃]	six heures	[sizœr]
7 sept	[sɛt]				
8 huit	[ɥit]	huit francs	[ɥifrɑ̃]	huit heures	[ɥitœr]
9 neuf	[neuf]			neuf heures	[nœvœr]
10 dix	[dis]	dix francs	[difrɑ̃]	dix heures	[dizœr]

11 onze [õz] 12 douze [duz] 13 treize [trɛz] 14 quatorze [katɔrz]
15 quinze [kɛ̃z] 16 seize [sɛz]

3G **C'est combien?**

C'est combien, le Scotch?
Le Scotch, c'est 16 francs.

Le Bourbon, c'est . . .
Le Cognac
Le Gin
Le Porto
Le Pepsi Cola
Le Schweppes Tonic
Le jus d'orange
Le jus de pamplemousse
La Kronenbourg
La Carlsberg
Le Perrier

MINI BAR Chambre No	12	Prix F.F.
SCOTCH WHISKY		16
BOURBON		14
COGNAC		15
GIN		13
PORTO		11
PEPSI COLA		7
SCHWEPPES TONIC		9
JUS D'ORANGE		6
JUS DE PAMPLEMOUSSE		6
KRONENBOURG		7
CARLSBERG		8
PERRIER		5
Signature CLIENT:		

3H **Das Alphabet und die orthographischen Zeichen**

1. ᴑᴑ

a, b, c[se], d, e[ə], f, g[ʒe], h[aʃ], i, j[ʒi], k, l, m, n, o, p, q[ky], r[ɛr], s, t, u[y], v[ve], w[dubləve], x, y[igrɛk], z[zɛd].
A = a majuscule, a = a minuscule

2.

L'**accent aigu**: réservé [e]
L'**accent grave**: très, deuxième [ɛ]; là-bas.
L'**accent circonflexe**: dîner, l'hôtel, hat keinen Einfluß auf die Aussprache.
La **cédille**: ça [sa], bezeichnet den Laut [s] vor a, o, u.
Le **tréma**: Citroën [sitrɔɛn], bezeichnet die getrennte Aussprache zweier Vokale.

3I **quel? quelle?**

männlich:	**Quel** quai?	*Welcher* Bahnsteig?
weiblich:	**Quelle** voie?	*Welches* Gleis?

3K **Setzen Sie quel oder quelle ein.**

a. Dans . . . . . hôtel avez-vous réservé? – b. . . . . . voiture avez-vous? – c. . . . . . place est libre? – d. C'est . . . . . numéro? – e. Vous avez . . . . . chambre? – f. . . . . . est le train de Bordeaux? – g. Le train de Paris, c'est à . . . . . heure? –

3L **C'est libre?**

Bilden Sie Sätze.

Cette place Cette chambre L'appartement La rue	est n'est pas	libre?
Taxi! . . .	Vous êtes	

3M **Je cherche . . . . . .**

– *Je cherche un appartement. C'est urgent.*

Qu'est-ce que vous cherchez? Consultez les annonces.

Je cherche . . . . . .

● CITROEN ●
2 CV 6 ....
D Spéciale ....
D Super 5 ....71·
GS Club ....
GS Break 4 portes .....
Ami-8 Break ....
Ami-6 Break ....
● RENAULT ●
R4 Export ....
R5 TL ....
R6 luxe et TL 71-
R12 TL ....72·
R15 TL ....
R16 TL blanche ....
R8 Major ....
● PEUGEOT ●

APPARTEMENTS

PARIS
République 3e ét. 3 pièces, cft, 115.000 F. 202-35-31.

Dames de compagnie

Boxes-garages

instruments de musique

Antiquités

3N **Qu'est-ce que . . . . . ?**

Qu'est-ce que	vous cherchez vous avez	dans votre sac? dans votre porte-monnai dans votre chambre? dans votre voiture?

3O

Vous
Où e
J'ai r
La c

S.O.S. PARIS au mois d'août

4

4 A **A l'épicerie**

– Le magasin est ouvert en août?
– Non, Madame, en août, nous sommes en vacances.
– Ah, vous aussi! Vous allez au bord de la mer?
– Non, nous allons dans l'Ardèche.
Nous avons une maison là-bas.

4 B

UN FRANÇAIS SUR DEUX EN VACANCES

Au mois d'août 50% des Français sont en vacances. Il y a la récession, la hausse des prix, mais les Français partent quand même. Ils vont à la campagne, sur la Côte ou en montagne. Beaucoup de familles ont une résidence secondaire.

LASSERRE
fermeture le 1er août
après le dîner
Réouverture le 2 septembre

4 C **Pas d'accord** ꝏ

Madame D . . . P . . . de Nancy critique le programme de télévision:

«En juillet et août, à la télé, on parle seulement des vacances. Le programme est maigre.

Mais beaucoup de Français restent à la maison. Ils n'ont pas assez d'argent. Tout le monde ne va pas à la mer!

Alors, pour seule distraction, le soir, on a la télé.»

4 D **Vacances idéales** ꝏ

– *Tu n'es pas bien, non?*
Tu vas dans l'eau après le dîner?
Tu n'as pas peur?

4 E Conversation en classe

1. Vous êtes . . . . .? – Nous sommes . . . . . .

Vous êtes combien chez vous, dans votre famille? –

a. Nous sommes deux (trois, quatre, cinq, six, sept, huit).
b. Je n'ai pas de famille. Je suis seul(e).

2. Où allez-vous? – Nous allons . . . . .
Je vais . . . . .

Où allez-vous en vacances? –

Nous allons	sur la Côte.
	en France.
	au bord de la mer.
	à la campagne.
	en montagne.

Paris: un jour d'août aux Tuileries

3. Vous allez . . . . .? – Je ne vais pas . . . . . . Je n'ai pas . . . . . .

Vous allez	sur la Côte?	– Non, je ne vais pas . . . . . .
	en montagne?	Je n'ai pas assez d'argent.
	en France?	

4. Où êtes-vous . . .? – Nous sommes . . . .
Je suis . . . .

Où êtes-vous en août?

Nous sommes	en vacances.
Je suis	à la maison.
	ici.
	chez des amis.

5. ils sont, ils vont, ils ont

a. Où sont 50% des Français en août? – b. Où vont-ils en vacances? – c. Combien de Français ont assez d'argent pour aller en vacances? –

6. ouvert – fermé

gastronomie

OÙ MANGER EN AOÛT? (Rive Droite)

■ **1er ARRONDISSEMENT**
Mercure Galant, 15, rue des Petits-Champs. Tél. 742-82-98. Fermé dimanche.
L'Escargot Montorgueil, 38, rue Montorgueil. Tél. 236-83-51. Fermé samedi midi et dimanche.
Bistro d'Hubert, 36, place du Marché-St-Honoré. Tél. 260-03-00. Fermé samedi midi et dimanche.
O'Cabanon, 30, place du Marché-St-Honoré. Tél. 073-35-20. Fermé dimanche.
Chez Max, 10, rue de Castellane. Tél. 265-33-81. Fermé samedi.
Chez Edgard, 4, rue Marbeuf. Tél. 359-85-92. Fermé dimanche.
■ **9e ARRONDISSEMENT**
Le Relais Basque, 11, rue Saint-Lazare. Tél. 878-29-27. Service à partir 18 h. 30.
■ **10e ARRONDISSEMENT**
Chez Casimir, 6, rue de Belzunce. Tél. 878-32-53. Fermé samedi.

a. Le Mercure Galant est ouvert? – | Oui, le restaurant est ouvert en août.
Oui, il est ouvert.
Non, il est fermé le dimanche.

b. Le Bistro d'Hubert est fermé? – c. Chez Max est ouvert le samedi? etc. – d. Chez Edgard (Le Relais Basque, Chez Casimir) est dans quel arrondissement?

4 F **Die Ordnungszahlen**

1er le premier [prəmje] aber: le premier arrondissement [ləprəmjɛrarõdismã]
1ère la première
2e le, la deuxième; le second, la seconde [s(ə)gõ, -õd]
Die Endsilbe -ième wird an die Grundzahl angehängt.
Besonderheiten der Schreibung: 5e cinq**u**ième, 9e neu**v**ième.
Bei quatrième, onzième etc. entfällt das *e* der Grundzahl.

4G **être – avoir – aller**

Je	**suis** en vacances.
Tu	**es**
Il (Elle)	**est**
Nous	**sommes**
Vous	**êtes**
Ils (Elles)	**sont**

Je	n'**ai**	pas assez d'argent.	**Je**	ne **vais**	pas à la mer.
Tu	n'**as**	pas	**Tu**	ne **vas**	pas
Il (Elle)	n'**a**	pas	**Il (Elle)**	ne **va**	pas
Nous	n'**avons**	pas	**Nous**	n'**allons**	pas
Vous	n'**avez**	pas	**Vous**	n'**allez**	pas
Ils (Elles)	n'**ont**	pas	**Ils (Elles)**	ne **vont**	pas

Merkstütze: Die Formen von aller und avoir sind ähnlich.

4H **Setzen Sie eine Form von avoir oder être ein.**

a. En août, nous ne . . . . . pas à Paris. – b. Tout le monde . . . . . en vacances. – c. Je n' . . . . . pas assez d'argent pour aller en vacances. – d. Les Legrand . . . . . sur la Côte. – e. Ils . . . . . beaucoup d'argent. – f. Ils . . . . . une maison à Cannes. – g. Beaucoup de familles . . . . . une résidence secondaire.

4I **Setzen Sie eine Form von aller oder avoir ein.**

a. Vous . . . . . faim? – b. Où . . . . . -vous? – c. Nous . . . . . au restaurant. – d. Je . . . . . chez des amis. – e. Tu . . . . . des amis à Bordeaux? – f. Je . . . . . avec vous. – g. Il n' . . . . . pas de voiture.

4K **Bringen Sie die Antworten in die richtige Reihenfolge.**

Où est votre résidence secondaire? –	Oui, d'accord.
Nous allons au restaurant? –	Non, il est fermé.
Le magasin est ouvert? –	Non, je reste à Paris.
Vous n'allez pas en vacances, cette année? –	Sur la Côte.

4 L **Wählen Sie zu den folgenden Fragen die richtigen Antworten aus:**

a. Vous allez manger? – b. Le garage est fermé? – c. Où vont-ils manger? – d. Vous n'avez pas d'argent? – e. Vous êtes en vacances? – f. Le programme est maigre en août? – g. En août, on est en vacances?

(a. Chez Max. – b. Pas assez. – c. Non, je n'ai pas faim. – d. Oui, ils sont en grève.– e. Non, nous sommes en grève. – f. Pas tout le monde. – g. Oui, mais la télé est quand même une distraction. –)

4 M ꝏ

Tu vas à la mer? – Tout le monde va à la mer.

a. Tu es en vacances? – b. Tu vas à la mer en voiture? – c. Tu as la télé? – d. Tu as des problèmes? – e. Tu vas en vacances en août? – f. Tu es d'accord? – g. Tu as faim? – h. Tu as peur? –

La plage de Cassis

4 N **Quand même**

Vervollständigen Sie die Sätze:

a. Il y a la récession, mais les Français ..... quand même ....
b. Ils n'ont pas d'argent, mais ils .... à la mer.

4 O

Fragen Sie in einem Geschäft, ob im August geschlossen ist.
Sagen Sie Ihrem Gesprächspartner, daß Sie mit ihm (nicht) einer Meinung sind.
Sagen Sie, daß Sie nicht zu Hause bleiben, sondern zu Freunden fahren.

5A ꝏ

PARIS EN AOÛT

LES BELLES ÉTRANGÈRES

Les Parisiens sont partis en vacances. Beaucoup de magasins sont fermés. Il fait chaud. Mais quand même, la ville n'est pas déserte. Les belles étrangères sont là. Elles admirent Paris. Elles flânent. Elles sont libres. Alors, un jeune homme tente sa chance . . .

5B **Pas de chance!** ꝏ

Pauvre jeune fille seule et triste!
Sans doute une Américaine.
Oh, là, là . . . qu'elle est grande!
How do you do?
Elle rit. Elle est Italienne.
Et très pressée. Ciao!

Ah, voilà une petite brune! Elle est charmante.
Bonjour, Fraulein. Vous êtes Allemande, n'est-ce pas? C'est ça.
Mais elle est très pressée, elle aussi. Dommage, je n'ai pas de chance!

5C **Wählen Sie zu den folgenden Fragen die richtigen Antworten aus:**

a. Où sont les Parisiens en août? – b. Qui (wer) flâne à Paris en août? – c. Qu'est-ce que les étrangères admirent? – d. Qui tente sa chance? – e. Le jeune homme est grand? – f. L'Italienne est petite?

(a. Elles admirent Paris. – b. Non, il est petit. – c. Les belles étrangères. – d. Ils sont partis en vacances. – e. Non, elle est grande. – f. Un jeune homme.)

5D **Conversation en classe**

Qu'en pensez-vous?

Une Italienne n'est pas forcément brune, petite et ronde. Qu'en pensez-vous?
Il y a aussi des Italiennes blondes, grandes et minces.
Une Anglaise n'est pas forcément blonde, grande et mince. Qu'en pensez-vous?
Il y a aussi . . .
Une Française n'est pas forcément brune, petite et mince. Qu'en pensez-vous?
Il y a aussi . . .
Une Allemande n'est pas forcément blonde et grande. Qu'en pensez-vous?
Il y a aussi . . .

5E **Une annonce**

J.F., 20 ans, très mignonne, brune, mince, 1,58 m, charmante, moderne, sérieuse, gaie, sans profession, désire correspondre avec J.H. de 22 à 26 ans, sérieux, fort.

5F **Das Adjektiv I**

1. Übersicht

Le restaurant est grand.	C'est un grand restaurant.
La jeune fille est charmant**e**.	C'est une jeune fille charmant**e**.
Les parfums français sont bon**s**.	Ce sont des bon**s** parfums.
Les vacances sont idéal**es**.	Ce sont des vacances idéal**es**.

Das Adjektiv richtet sich in Geschlecht und Zahl nach dem zugehörigen Substantiv. Es steht meist nach dem Substantiv.
Vorangestellt werden: beau, bon, grand, petit, jeune.

2. Die bisher eingeführten Adjektive

a. Männliche und weibliche Form unterscheiden sich in Schreibung und Aussprache:

m.:	charmant	désert	fort	blond	grand	rond	petit	allemand	ouvert
	[ʃarmɑ̃]	[dezɛr]	[fɔr]	[blõ]	[grɑ̃]	[rõ]	[p(ə)ti]	[almɑ̃]	[uvɛr]
w.:	charmante	déserte	forte	blonde	grande	ronde	petite	allemande	ouverte
	[ʃarmɑ̃t]	[dezɛrt]	[fɔrt]	[blõd]	[grɑ̃d]	[rõd]	[p(ə)tit]	[almɑ̃d]	[uvɛrt]

b. Männliche und weibliche Form unterscheiden sich nur in der Schreibung:

m.:	gai	idéal	seul	fermé	pressé
w.:	gaie	idéale	seule	fermée	pressée
	[ge]	[ideal]	[sœl]	[fɛrme]	[prese]

c. Männliche und weibliche Form unterscheiden sich nicht:

m.: / *w.*:	mince	triste	libre	pauvre	jeune	moderne	maigre

d. Sonderformen:

m.:	bon	mignon	brun	italien	américain	beau	gentil	sérieux
	[bõ]	[miɲõ]	[brɛ̃]	[italjɛ̃]	[amerikɛ̃]	[bo]	[ʒɑ̃ti]	[serjø]
w.:	bonne	mignonne	brune	italienne	américaine	belle	gentille	sérieuse
	[bɔn]	[miɲɔn]	[bryn]	[italjɛn]	[amerikɛn]	[bɛl]	[ʒɑ̃tij]	[serjøz]

Beachten Sie: In der weiblichen Endung wird der Nasal aufgelöst.
Nach -x und -s entfällt die Pluralendung: des hommes sérieux, les parfums français; aber: des annonces sérieuses, les voitures françaises.

5G Die Grundzahlen von 17 bis 69

17 dix-sept	[dissɛt]		30 trente	50 cinquante
18 dix-huit	[dizɥi(t)]		31 trente et un	51 cinquante et un
19 dix-neuf	[diznœf]		32 trente-deux	52 cinquante-deux
20 vingt [vɛ̃]	vingt ans [vɛ̃tɑ̃]		etc.	etc.
21 vingt et un	[vɛ̃teɛ̃]		40 quarante	60 soixante
22 vingt-deux	[vɛ̃tdø]		41 quarante et un	61 soixante et un
23 vingt-trois	[vɛ̃ttrwa]		42 quarante-deux	62 soixante-deux
etc.			etc.	etc.

5H Quels autobus vont à la gare de l'Est (à la gare du Nord)?

Le 30, le 31 etc.

5I Schreiben Sie selbst eine Annonce.

Jeune fille (jeune homme), . . . ans, ..., ..., ..., ..., de nationalité . . . ., désire correspondre avec jeune homme (jeune fille) de . . . à . . . ans, ..., ..., ..., ..., de nationalité . . . .

5 K Sie kaufen für eine Dame ein Parfum.

A la parfumerie

– Vous désirez, Monsieur?
– . . . . .
– C'est pour vous ou pour une dame?
– . . . . .
– Pour une blonde ou pour une brune?
– . . . . .
– Vous désirez un parfum ou une eau de toilette?
– . . . . .
– Avec ou sans atomiseur?
– . . . . .
– Voilà, Monsieur, un parfum très agréable. Il y a des flacons à 55 F et à 66 F.
– . . . . .

5 L Stellen Sie eine Rückfrage.

Elle parle bien français. – Elle n'est pas Française?

a. Il parle bien français. – b. Elle parle bien allemand. – c. Il parle bien allemand. – d. Elle parle bien italien. – e. Il parle bien italien. – f. Elle parle bien anglais. – g. Il parle bien anglais. –

5 M Sagen Sie das Gegenteil.

Les pharmacies sont fermées? – Non, elles sont ouvertes.

a. La boulangerie est fermée? – b. L'épicerie est ouverte? – c. Le café est fermé? – d. Les garages sont fermés? – e. Le restaurant est ouvert? – f. Le syndicat d'initiative est fermé? –

5 N Bringen Sie die Antworten in die richtige Reihenfolge.

Le restaurant est fermé. –	Pas forcément.
Vous désirez un parfum Guerlain? –	Elle ne mange pas beaucoup.
Voilà une place libre. –	Dommage.
Elle est très mince. –	Quelle chance!

5 O **Elles flânent, elles admirent . . ., elles parlent . . . .**

Setzen Sie die passenden Verben ein: *(avoir, être, admirer, flâner, chercher, parler, manger)*

Les étrangères à Paris:

Elles . . . . . en vacances. Elles n'. . . . . pas d'amis à Paris. Elles . . . . . seules. Elles . . . . . Paris. Elles . . . . . aux Tuileries. Elles . . . . . français. Elles . . . . . le syndicat d'initiative. Elles . . . . . des frites.

5 P **Qu'elle est belle!** ꝏ

Drücken Sie Ihr Erstaunen aus.

Vous voyez une jeune fille très belle: Oh, là, là, qu'elle est belle!
(une jeune fille charmante, très grande, très mignonne, très élégante)

5 Q **beaucoup de**

Setzen Sie passende Ausdrücke mit *beaucoup de* ein.

a. Elle est pauvre? Non, elle a . . . . – b. C'est un ami. J'ai . . . .– c. M. Legrand est en vacances. . . . . sont en vacances en août. – d. Le restaurant est fermé. . . . . sont fermés en août. – e. C'est sans doute une étrangère. Il y a . . . . à Paris. – f. C'est un bon restaurant. Il y a . . . . en France. –

5 R

Fragen Sie Ihren Gesprächspartner, ob er Amerikaner (Franzose, Engländer, Deutscher, Italiener) ist.
Sagen Sie, daß Sie Ausländer(in) sind.
Sagen Sie, daß Sie in Ferien sind und daß Sie es nicht eilig haben.
Sagen Sie, daß Sie nicht allein sind.

6A

AVIGNON : à l'heure du Festival

Avignon est pendant le festival, en août, la capitale de la jeunesse. Les jeunes – ils ont de 18 à 30 ans – sont partout – sur les bancs publics, sur le bord du trottoir ou dans les fauteuils des cafés. On va à Avignon pour rencontrer d'autres jeunes. Avignon, c'est la fête.

6B **Une interview**

– Est-ce que vous avez une chambre d'hôtel à Avignon, Mesdemoiselles?
– Non, nous avons trop peu d'argent. Nous habitons au club Léo Lagrange. Ça coûte moins cher.
– C'est combien?
– 30 francs, la demi-pension, ça va.

– Et vous, Monsieur, où habitez-vous?
– A l'Association Jeunesse Accueil. Je couche dans une tente collective sur un lit de camp.
– Où allez-vous manger?
– On ne fait pas grand-chose, on n'a pas besoin de manger. Une baguette, un cornet de frites, ça suffit. Quelquefois, pour gagner un peu d'argent, on va travailler dans les vergers.
– Est-ce que vous allez aussi au festival?
– Bien sûr, Monsieur.

Tente collective 6F la nuit

6C **Conversation en classe**

1. Le festival d'Avignon est en août ou en septembre?
2. Où habitent les jeunes à Avignon?
3. Est-ce qu'un lit dans une tente collective coûte cher?
4. Où est-ce que les jeunes mangent? Au restaurant ou plutôt sur les bancs publics?
5. Est-ce que les jeunes ont beaucoup d'argent?
6. Est-ce qu'ils voyagent seuls ou plutôt en groupes?
7. Est-ce qu'ils travaillent toujours?
8. Où est-ce qu'ils vont travailler?
9. Est-ce qu'Avignon est loin de la Côte?
10. Est-ce que c'est une ville gaie ou triste?
11. Quel âge ont les jeunes qui vont à Avignon pendant le festival?
12. Pourquoi vont-ils à Avignon?
13. Où est-ce qu'on couche quand on a peu d'argent?
14. C'est combien, la demi-pension au club Léo Lagrange?

15. Est-ce que . . . . .? ꝏ

Fragen Sie einen anderen Kursteilnehmer.

Est-ce que vous mangez au restaurant?

Demandez s'il (si elle)
a. mange au restaurant.
b. travaille beaucoup.
c. a des amis ici.
d. cherche un appartement.
e. va souvent au théâtre.
f. habite loin d'ici.
g. est Allemand(e).
h. parle anglais.
i. a besoin d'argent.

AJA
Association
Jeunesse
Accueil

CLUB LEO LAGRANGE
20 avenue Monclar
84000 Avignon
Tél. (90) 86 53 59

6D Die Frage I

1. Wortstellung wie im Aussagesatz

a. Le magasin est ouvert?	Frage nur im Stimmton.
b. Est-ce que vous avez une chambre d'hôtel? Où est-ce que les jeunes mangent? Pourquoi est-ce que les jeunes vont à Avignon?	In der gesprochenen Sprache kann die Frage fast immer durch Vorsetzen von **est-ce que** gebildet werden.
c. Qu'est-ce que vous cherchez?	**Qu'est-ce que** . . .? = Was . . .? fragt nach dem Objekt.

2. Gleiche Wortstellung wie im Deutschen

a. Allez-**vous** à la mer?
Pourquoi vont-**ils** à Avignon?
Où habite-**t-il**?
Quel âge a-**t-elle**?

Umstellung wie im Deutschen, wenn das Subjekt ein **Personalpronomen** ist. Beachten Sie den -t-Einschub bei den Verben auf -er und bei avoir vor il und elle.

b. Quel âge a **la jeune fille**?
Où habite **M. Legrand**?

Hier ist das Subjekt ein **Substantiv**. Die Umstellung ist möglich, wenn der Fragesatz mit einem Fragewort beginnt, nicht jedoch in der pourquoi-Frage.

c. Qui habite au club Léo Lagrange?

In der **qui-** (wer) Frage entspricht die Satzstellung ebenfalls dem Deutschen.

6E **Où habitez-vous? Est-ce que vous avez des amis ici?**

Sie interviewen einen jungen Mann in Avignon.
Stellen Sie Fragen mit **Où . . .?** oder **Est-ce que . . .?**

(habiter, travailler, aller manger, avoir une chambre d'hôtel, coucher, aller au festival)

6F **Quel âge a-t-il?**

Fragen Sie nach dem Alter!

Il est déjà très grand. – Quel âge a-t-il?

a. Elle est grande pour son âge. – b. Je suis encore jeune. – c. Il est petit pour son âge. – d. Ils ne sont pas jeunes. – e. Elle parle bien pour son âge. – f. A mon âge, on ne mange pas grand-chose. –

6G **de + Artikel**

Avignon est la capitale	**de la**	jeunesse.
die Hauptstadt	*der*	Jugend
Les jeunes sont près	**de l'**	Hôtel de Ville,
in der Nähe	*des*	Rathauses
sur le bord	**du**	trottoir,
am Rand	*des*	Bürgersteigs
dans les fauteuils	**des**	cafés.
in den Sesseln	*der*	«Cafés»

Beachten Sie: Vor Substantiven mit Vokal im Anlaut und häufig vor Substantiven, die mit h beginnen, steht **de l'** anstelle von **du** und **de la.**

6H

C'est déjà la gare? – Non, nous sommes encore loin de la gare.

a. C'est déjà la mer? – b. C'est déjà le centre? – c. C'est déjà la place Gambetta? – d. C'est déjà l'autoroute? – e. C'est déjà la Côte? – f. C'est déjà le Rhône? –

6I **Fragen Sie nach dem Preis:**

La chambre n'est pas chère. – Quel est le prix de la chambre?

a. Le petit déjeuner n'est pas cher. – b. La voiture n'est pas chère. – c. La maison n'est pas chère. – d. Le menu n'est pas cher. – e. Les repas au club Léo Lagrange ne sont pas chers.

6 K **Die Verben auf -er**

chercher	suchen	J'	habit**e**	chez des amis.
rencontrer	jmd. treffen	Tu	habit**es**	à l'hôtel?
parler	sprechen	Il / Elle	habit**e**	à la campagne.
flâner	bummeln			
coûter	kosten	Nous	habit**ons**	Paris.
habiter	wohnen	Vous	habit**ez**	loin d'ici?
rester	bleiben	Ils / Elles	habit**ent**	une villa.
travailler	arbeiten			
coucher	schlafen, übernachten			

manger essen **Besonderheit in der Schreibung:** Nous mang**e**ons.

gagner	gewinnen, verdienen	traverser	überqueren
admirer	bewundern	désirer	wünschen
tenter	versuchen	penser	denken

6 L **Setzen Sie die passenden Verben in der richtigen Form ein.**

a. Le dimanche, nous . . . . . au restaurant. – b. Combien est-ce que ça . . . . .? – c. Est-ce que vous . . . . . la ville ou la campagne? – d. Nous . . . . . un appartement en ville. – e. Tu . . . . . à la maison? – f. Je . . . . . beaucoup. – g. Ils . . . . . dans une tente collective. – h. Elle . . . . . un peu allemand.

6 M **Bringen Sie die Antworten in die richtige Reihenfolge.**

Qu'est-ce que vous mangez? –	Ça va.
Où habitez-vous? –	Oui, j'ai besoin d'argent.
Vous allez travailler? –	Chez des amis.
C'est cher? –	Pas grand-chose.

6 N **on**

On ne fait pas grand-chose.
On va à Avignon pour rencontrer d'autres jeunes.

On kann in der Umgangssprache für die 1. Person Plural (nous) oder für dt. «man» stehen.

6O **Bilden Sie aus den Stichworten Sätze mit «on».**

Vous travaillez beaucoup? –	(pas faire grand-chose) On ne fait pas grand-chose.

a. Où allez-vous manger? – (pas manger grand-chose)
b. Où allez-vous le soir? – (avoir la télé)
c. Qu'est-ce que vous cherchez? – (chercher un bon restaurant)
d. Où êtes-vous en août? – (rester à Paris)
e. Vous travaillez dans les vergers? – (avoir besoin d'argent)
f. On va au Casino. – (tenter sa chance)

6P

Verlangen Sie eine Tüte Pommes frites.
Fragen Sie Ihren Freund, ob er Geld braucht.
Fragen Sie ihn, wo er wohnt.
Sagen Sie, daß Sie nicht genug Geld haben, um im Restaurant zu essen.
Fragen Sie, wieviel die Halbpension kostet.
Fragen Sie Ihren Gesprächspartner, ob er Englisch spricht.

7

7 A Jupe ou pantalon?

Les femmes aiment les pantalons et les robes longues.
«Je préfère le pantalon parce qu'il économise les collants et les chaussures», dit Mme Véronique P., une mère de famille sans profession.
«Moi, je trouve le pantalon plus pratique», dit Mlle Arlette C., sténodactylo.

7 B Conversation en classe

1. Vous préférez – je préfère

Qu'est-ce que vous préférez, mesdames, mesdemoiselles, le pantalon ou la jupe?
Qu'est-ce que vous préférez pour une femme, messieurs, jupe ou pantalon?

2. Parce que . . .

Pourquoi (warum) préférez-vous le pantalon?

a. Parce que c'est plus pratique.
b. Parce que ça économise les collants.
c. Parce que c'est sportif.
d. Parce que c'est moderne.
e. Parce que c'est jeune.
f. Parce que c'est plus chic.

Pourquoi préférez-vous la jupe?

a. Parce que c'est plus féminin.
b. Parce que c'est plus élégant.
c. Parce que vous êtes trop petite ou trop ronde pour porter un pantalon.
d. Parce qu'en jupe vous êtes plus mince.

LA MODE

3. Est-ce que le pantalon est un vêtement pour les femmes minces seulement?

7 C **C'est bien votre taille** ꝏ

– Pouvez-vous échanger ce pantalon?
– Pourquoi, monsieur? C'est bien votre taille, pourtant.
– Oui, c'est ma taille, mais le beige ne va pas avec mon blazer bleu marine.
– Quelle couleur désirez-vous alors?
– Je ne sais pas. Gris peut-être.
– Comment trouvez-vous ce pantalon gris foncé? Il est au même prix et de la même qualité.
– Oui, c'est très bien.

7 D ꝏ
Conservez votre ticket de caisse

Pas de problème pour échanger des articles neufs si vous avez encore votre ticket de caisse. Que faire quand vous constatez plus tard: «Cet imper est trop court. Cette jupe ne va pas avec mon blouson en cuir. Ce sac ne va pas avec mes chaussures neuves. Ces gants ne vont pas avec mon manteau marron.» Ne tardez pas. Faites vite. Et – surtout – ne portez pas le manteau neuf pendant le week-end.

7M C'est combien ce blouson?

Vous êtes dans une boutique: vêtements pour dames (vêtements pour hommes) et vous demandez le prix d'un blazer, d'une jupe, d'un pantalon, d'un imperméable, d'un tailleur, d'un manteau, d'un ensemble, d'une robe.

– Si monsieur désire essayer ce pyjama

7N

C'est un bon parfum. – J'aime bien ce parfum.

a. C'est une belle robe. – b. Ce sont des belles chaussures. – c. C'est un hôtel agréable. – d. C'est une bonne voiture. – e. C'est une belle ville. – f. C'est une maison idéale. – g. C'est un blouson élégant.

7O Der Imperativ (Verben auf -er, aller)

Reste ici.	Bleibe hier!
Ne **va** pas à Paris.	Fahre nicht nach Paris!
Tentez votre chance.	Versuchen Sie Ihr Glück!
Ne **tardez** pas.	Zögern Sie nicht!
Allez, c'est l'heure.	Geht! Gehen Sie! Es ist Zeit.
Allons!	Los! Vorwärts!
Ne **restons** pas ici.	Bleiben wir nicht hier!

7 P **Geben Sie Ihrem Gesprächspartner einen Rat.**

z. B.: Le bureau de poste est à gauche. – Tournez à gauche.
Vous travaillez trop. – Ne travaillez pas la nuit.

a. En août, tout le monde va au bord de la mer. – b. Les frites ne sont pas bonnes. – c. Les restaurants sont chers. – d. Les pantalons sont plus pratiques. – e. Tu es déjà trop ronde. – f. Les jupes longues sont plus élégantes. –

7 Q **Sie gehen in ein Geschäft, um eine Strumpfhose zu kaufen.**

Que désirez-vous?
C'est pour vous?
Quelle taille? (I, II, III)
Vous désirez une couleur claire ou foncée?
C'est pour porter avec quelle robe?
Voilà un collant . . . . . Il va bien avec une robe . . . . . .

7 R **Bringen Sie die Antworten in die richtige Reihenfolge:**

Elle a peu d'argent. –	Vous avez votre ticket de caisse?
Pouvez-vous échanger cette jupe? –	Merci, ça suffit.
Ce pantalon est plus cher? –	Pourtant, elle est toujours élégante.
Encore un cornet de frites? –	Non, il est au même prix.

7 S

Fragen Sie, ob Sie diese Schuhe umtauschen können.
Fragen Sie, ob die Tasche aus Leder ist.
Sagen Sie, daß das Kleid (der Blazer) zu klein ist.
Fragen Sie, ob Sie diese Hose tragen können.
Sagen Sie, daß eine graue Hose gut zu einem blauen Blazer paßt.

8

8A

HEP, TAXI !...

Nous voilà devant la gare de l'Est avec nos deux enfants et les bagages. Nous appelons un taxi. Le chauffeur a son chien avec lui. Sa voiture est assez grande, mais il ne veut pas de nous:
– Trois personnes seulement.
Voilà un autre taxi.
– Nous sommes quatre. Ça va?
– Bien sûr, mettez vos bagages dans le coffre.

8B **Pas d'armes pour les chauffeurs de taxis**

Chaque jour les journaux parlent d'attentats contre des chauffeurs de taxis. Leur métier est énervant et dangereux. Pourtant, ces braves gens ne sont pas armés. C'est pourquoi beaucoup de chauffeurs ont un chien dans leur taxi. Mais, que peut un chien devant un revolver?

8C **Conversation en classe**

1. Où est-ce qu'on trouve les stations de taxis?
2. Où mettez-vous vos bagages dans le taxi?
3. Est-ce que chauffeur de taxi est un métier de femme ou plutôt un métier d'homme?

4. Regardez les annonces.
   Trouvez les métiers d'hommes et les métiers de femmes.

MERLIN GERIN
GRENOBLE
recherche pour service commercial
STENODACTYLO

6 SECRETAIRES

CHAUFFEURS DE CARS
TEL. 660-95-53.

BOULANGERS

MECANICIEN

URGENT
recherche
SERVEUSE-BAR

recherche
pour USINE RHONE-ALPES :
INGÉNIEUR

Impte sté Est Lyon
rech. d'urgence
PROGRAMMEUR

ELECTRICIENS
INDUSTRIEL

Villeurbanne
recherchons
MONTEURS

MERLIN GERIN
recherche pour
SAINT ETIENNE
DE ST GEOIRS
ELECTRO-
TECHNICIEN

NOVOTEL
VALENCE SUD
recherche
CHEF DE CUISINE

5. Pourquoi est-ce que le métier de chauffeur de taxi est dangereux?
6. Pourquoi est-ce que beaucoup de taxis n'ont pas de place pour quatre personnes?

8D

Comment garder son calme

J'appelle un taxi. C'est une femme au volant. Elle n'a pas de chien, mais elle a son tricot à côté d'elle.
– Où allez-vous, monsieur?
– Au Quartier Latin . . .
rue Champollion.
Voilà un feu rouge. Vite le tricot! Le feu passe au vert. Elle rejette son tricot:
– Eh bien! Il n'est pas long, ce feu!

PROBLEME

8E **Problème**

1. Le feu est vert. Je peux passer.
2. Voilà le signal de l'agent.
Je ne peux pas passer.

– *C'est ton frère ou ta sœur?*

8F Das adjektivische Possessivpronomen

1.			
		mon	sac.
	C'est	**ton**‿	argent.
		son‿	amie.
		ma	voiture neuve.
	Voilà	**ta**	chambre.
		sa	femme.
		mes	bagages?
	Où sont	**tes**	chaussures?
		ses‿	amies?

	Singular				*Plural*	
Paul cherche	**son**	frère	**sa**	sœur	**ses**	clés.
Paul sucht	*seinen*	Bruder	*seine*	Schwester	*seine*	Schlüssel.
Alice cherche	**son**	frère	**sa**	sœur	**ses**	clés.
Alice sucht	*ihren*	Bruder	*ihre*	Schwester	*ihre*	Schlüssel.

Im Französischen richtet sich das adjektivische Possessivpronomen in Geschlecht und Zahl nach dem folgenden Substantiv und nicht wie im Deutschen nach dem Geschlecht des ‹Besitzers›. **Son frère** kann also *sein Bruder* und *ihr Bruder* heißen.
Beachten Sie: **mon, ton, son** amie
Die männlichen Formen **mon, ton, son** stehen wegen der besseren Sprechbarkeit auch vor weiblichen Substantiven mit vokalischem Anlaut.

2.	*Singular*	*Plural*
	Voilà **notre** hôtel.	Voilà **nos** bagages.
	Voilà **votre** chambre.	Voilà **vos** clés.
3.	**Leur** métier est dangereux. Où est-ce qu'ils mettent **leurs** bagages?	

Leur(s): Mehrere Personen besitzen etwas.
Son, sa, ses: Eine Person besitzt etwas.

Leur(s) hat zwar eine Mehrzahlendung, aber keine weibliche Form.

8 G **C'est ton stylo?**

Fragen Sie Ihren Freund (Ihre Freundin), ob folgendes ihm (ihr) gehört: La voiture, les bagages, les gants, le manteau, les journaux, le sac, le porte-monnaie, la clé.

8 H **Deutsch «ihr(e)» hat im Französischen folgende Entsprechungen:**

C'est	**votre** manteau?	Ist das	*Ihr* Mantel?
Voilà	**vos** clés.	Hier sind	*Ihre* Schlüssel.
Elle cherche	**son** ticket de caisse.	Sie sucht	*ihren* Kassenzettel.
	sa place.		*ihren* Platz.
	ses gants.		*ihre* Handschuhe.
Ils cherchent	**leur** voiture.	Sie suchen	*ihr* Auto.
	leurs bagages.		*ihr* Gepäck.

8 I **Setzen Sie Possessivpronomen ein.**

a. C'est ..... chambre, monsieur? – b. Où sont ..... bagages, monsieur? – c. Les enfants portent ..... sacs dans ..... chambre. – d. Véronique porte ..... robe neuve. – e. Elle ne trouve pas .....clés. – f. Les Legrand passent ..... vacances dans ..... résidence secondaire.

8 K **Garder son calme (sa place, son charme, son manteau).**

a. Son métier est énervant. Pourtant, il garde ....
b. Vous êtes trop nerveuse. Gardez ....
c. J'ai déjà une place. Gardez ....
d. Il n'y a pas de place libre. Mais le jeune homme ....
e. Elle n'est pas jeune. Mais elle garde ....
f. Il fait chaud. Pourtant, elle garde ....

8 L **C'est le chien de Mme Richet? – Oui, c'est son chien.**

a. C'est le manteau de M. Leray? – b. Ce sont les gants de Véronique? – c. C'est la voiture de Christiane? – d. C'est la secrétaire de M. Legrand? – e. C'est la maison des Dubois? – f. Ce sont les bagages des enfants? –

8 M **avec lui (elle) – à côté de lui (d'elle)**

a. Elle n'est pas seule. Son ami est . . . . . .
b. La jeune femme aime tricoter. Elle a . . . . . .
c. Le chauffeur a peur. Il a un chien . . . . . .
d. Elle ne part pas seule. Ses enfants . . . . . .
e. Elle trouve ça beau? Je ne suis pas d'accord . . . . . .

8 N **appeler, jeter**

J'	appe**ll**e	un taxi.	Je	je**tt**e	les tickets.
Tu	appe**ll**es		Tu	je**tt**es	
Il Elle	appe**ll**e	le chien.	Il Elle	je**tt**e	
Nous	appelons		Nous	jetons	
Vous	appelez		Vous	jetez	
Ils Elles	appe**ll**ent		Ils Elles	je**tt**ent	

8 O **Setzen Sie Formen von appeler oder jeter ein:**

a. Ne . . . . . pas les tickets. – b. Tout le monde . . . . . des papiers dans la rue. – c. Tu . . . . . cela travailler? – d. Ils . . . . . leur chien Titus. – e. Nous . . . . . un taxi, ça va plus vite. – f. Il n'a pas faim. Il . . . . . la côtelette à son chien.

8 P **Stellen Sie jemanden vor.**

Vous présentez votre amie Sabine: Mon amie Sabine.
Voilà Sabine, c'est mon amie.

a. Votre sœur Isabelle. – b. Votre frère Stéphane. – c. Votre femme. – d. Votre cousin Olivier. – e. Votre cousine Sylvie. – f. Votre ami Philippe. –

8 Q **Ça va?**

1. Vous rencontrez un ami. Demandez:

a. comment il va.
b. comment va sa femme (sa sœur, son frère, sa famille).
c. comment vont ses enfants.

2. Et vous, comment allez-vous?
(Merci, ça va. – Très bien, merci. – Ça ne va pas. – En ce moment, ça ne va pas très bien.)

8 R **Bringen Sie die Antworten in die richtige Reihenfolge:**

Pourquoi est-ce que vous avez un chien dans la voiture? –	Oui, je suis pressé(e).
Est-ce que vous appelez un taxi? –	Au feu rouge.
Où est la rue Champollion? –	Parce que notre métier est dangereux.
Où est-ce que je tourne à gauche? –	Au Quartier Latin.

8 S

Fragen Sie nach einem Taxistand.
Fragen Sie, ob genug Platz für vier Personen ist.
Fragen Sie, ob das Gepäck in den Kofferraum kommt (aller dans).
Fragen Sie, wieviel es bis zum gare du Nord kostet.
Sagen Sie dem Taxifahrer, daß er einen nervenaufreibenden Beruf hat.
Fragen Sie ihn, ob er auch nachts arbeitet.

9

9 A **A Paris, dînez sous les arbres pour pas cher.**

Aux Tuileries

Quatre chalets offrent des sandwiches, des croque-monsieur, des hot-dogs, des viandes froides, des salades etc. Ils sont ouverts de 9 à 20 heures . . . les jours de beau temps.

Au zoo de Vincennes

Auberge du parc zoologique. Menu à 15,50 F, boissons et service compris.

9 B **Au restaurant**

– Vous avez choisi, monsieur?
– Oui, je prends une assiette de crudités. Et ensuite une entrecôte grillée.
– Saignante?
– Non, bien à point, s'il vous plaît. Qu'est-ce que vous avez comme garniture avec l'entrecôte?
– Des frites ou des haricots verts.
– Des haricots verts, pas de frites.
– Et comme boisson?
– Qu'est-ce qu'il y a comme vins en pichet?
– Il y a du blanc, du rosé et du rouge.
– Un demi-litre de rosé en pichet et un quart Perrier.

. . . .

Menu touristique

MENU 35 F
Pâté de campagne ou crudités

Entrecôte grillée
ou
Coq au vin

Fromage

Dessert
Service 15% compris

– C'est terminé, monsieur? Vous prenez du fromage?
– Non, pas de fromage. Qu'est-ce qu'il y a comme dessert?
– Il y a des glaces, de la pâtisserie ou des fruits.
– Une tarte aux pommes, s'il vous plaît. . . . . .
– Un café, monsieur?
– Oui, et l'addition, s'il vous plaît.

9C Conversation en classe

1. Qu'est-ce que vous prenez? – Je prends . . . . .

a. Regardez la carte.
– Qu'est-ce que vous prenez?
– Un sandwich (une pizza, une glace).
– Quel sandwich prenez-vous?
– Un sandwich (au) jambon etc.

b. Qu'est-ce que vous prenez comme dessert?

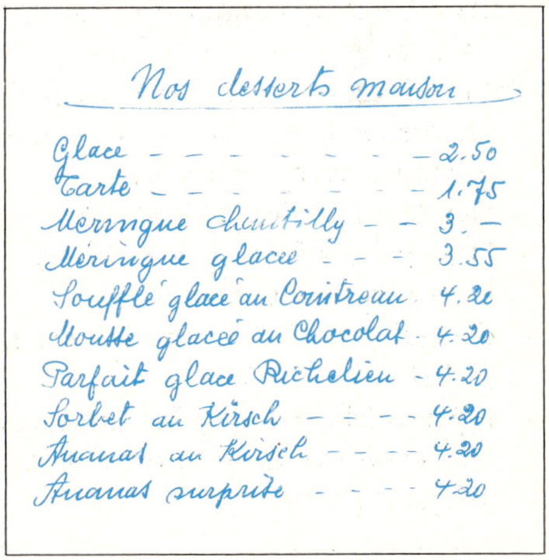

Nos desserts maison

Glace	2.50
Tarte	1.75
Meringue chantilly	3.–
Meringue glacée	3.55
Soufflé glacé au Cointreau	4.20
Mousse glacée au Chocolat	4.20
Parfait glacé Richelieu	4.20
Sorbet au Kirsch	4.20
Ananas au Kirsch	4.20
Ananas surprise	4.20

c. Qu'est-ce que vous prenez pour le petit déjeuner?

Nb	Articles	Nb	Articles (avec supplément)
☐	Thé simple		**Jus de fruits**
		☐	Orange
☐	Café simple	☐	Pamplemousse
		☐	Tomate
☐	Chocolat simple	☐	Ananas
☐	Thé complet avec lait ou citron		**Eaux minérales**
		☐	Evian ☐ Vichy
☐	Café complet	☐	Perrier ☐ Vittel
☐	Chocolat complet		**Divers**
			....

2. Il y a du . . . . .

vins

VINS EN PICHET

Beaujolais 73
Rosé de Marsannay
Bourgogne aligoté

– Qu'est-ce qu'il y a comme vins en pichet?
– Il y a du . . . . .

9D **à + Artikel**

	à	Paris.	Er fährt *nach*	Paris.	Er ist *in*	Paris.
Il va	**à la**	gare.	Er fährt *zum*	Bahnhof.	Er ist *am*	Bahnhof.
Il est	**à l'**	hôtel.	Er fährt *zum*	Hotel.	Er ist *im*	Hotel.
	au	café.	Er geht *ins*	Café.	Er ist *im*	Café.
	aux	Tuileries.	Er fährt *zu den*	Tuilerien.	Er ist *in den*	Tuilerien.

Beachten Sie: Vor Eigennamen steht nur **à**. Die Präposition **à** verbindet sich mit **le** zu **au**, mit **les** zu **aux**.

Il offre sa place	**à une** dame.	Er bietet *einer* Dame seinen Platz an.
Il offre une cigarette	**au** chauffeur.	Er bietet *dem* Fahrer eine Zigarette an.

Vergleichen Sie: Bei Verben mit zwei Objekten steht das Personalobjekt mit à in der Regel am Ende.

9 E Regardez les annonces.

Où allez-vous manger? –
Je vais au (à la, chez) . . . . .

Qu'est-ce que les restaurants proposent? –
Le Provençal propose un menu à 28 F.
La Petite Chaise . . . . .
La Ruade . . . . .
Le restaurant Chez Alberto . . . . .
Le Bœuf St. Germain . . . . .
La Cochonnaille . . . . .

9 F Der Teilungsartikel

1. Der Teilungsartikel zur Bezeichnung einer unbestimmten Menge.

Vous prenez	**de la**	pâtisserie?	Nehmen Sie	Kuchen?
Vous prenez	**de l'**	eau minérale?	Nehmen Sie	Mineralwasser?
Vous avez	**du**	blanc en pichet?	Haben Sie	offenen Weißwein?
Voilà	**de l'**	argent.	Hier ist	Geld.

Der Teilungsartikel bezeichnet eine unbestimmte Menge **nicht zählbarer** Dinge (etwas vom Kuchen, vom Wein).
Für eine unbestimmte Anzahl **zählbarer** Dinge steht der Plural des unbestimmten Artikels (vgl. 2 G):

Je prends **des** frites.	Ich nehme	Pommes frites.
Je prends **des** haricots.	Ich nehme	Bohnen.

Ist jedoch die **Gesamtheit** der Personen oder Dinge gemeint, so steht der bestimmte Artikel:

J'aime **la**	pâtisserie.	Ich mag	Kuchen (jeglichen).
J'aime **les**	enfants.	Ich mag	Kinder (alle Kinder).

2. Mengenangabe + de

Il y a **peu**	**de** fruits.	*wenig* Obst	**un pichet**	**de** blanc	*ein Krug* Weißwein
beaucoup	**d'** oranges	*viele* Orangen	**un cornet**	**de** frites	*eine Tüte* Frites
J'ai **assez**	**d'** argent.	*genug* Geld	**une tasse**	**de** café	*eine Tasse* Kaffee
Combien	**d'** argent?	*Wieviel* Geld?	**une livre**	**de** pommes	*ein Pfund* Äpfel
un kilo	**de** pommes	*ein Kilo* Äpfel			
un litre	**de** rosé	*ein Liter* Rosé	**pas**	**de** cognac	*keinen* Cognac

Nach Mengenbezeichnungen (auch ne . . . pas) steht nur **de** vor dem Substantiv.

9 G **Bieten Sie etwas anderes an:** ꝍ

Je n'ai pas de pommes, mais j'ai des oranges.

a. Je n'ai pas de rosé. – b. Je n'ai pas de glaces. – c. Il n'y a pas de haricots. – d. Il n'y a pas de jus de pamplemousse. – e. Je n'ai pas de thé. – f. Je n'ai pas de pâtisserie. –

9 H **h «aspiré»**

Vergleichen Sie:

l'hôtel –	les hôtels;	l'heure –	les heures;	
[lotɛl]	[lezotɛl]	[lœr]	[lezœr]	
le haricot –	les haricots;	la halte –	les haltes;	la haute couture;
[ləariko]	[leariko]	[laalt(ə)]	[lealt(ə)]	[laotkutyr]

Vor einigen mit h beginnenden Substantiven und Adjektiven werden le, la **nicht** zu l', de nicht zu d'. Bei les, des erfolgt **keine** Bindung in der Aussprache.

9 I **Qu'est-ce qu'il y a comme garniture?** ꝍ

Stellen Sie eine Gegenfrage:

a. Vous prenez un dessert? – Qu'est-ce qu'il y a comme .....? – b. Vous prenez une tarte? – c. Du fromage, monsieur (madame)? – d. Vous désirez une glace? – e. Vous prenez un fruit? – f. Un vin en pichet? –

9 K **Lehnen Sie ab:** ⚭

Un peu de sauce? – Pas de sauce, merci.

a. Des frites? – b. Un peu d'eau minérale? – c. Un chocolat pour le jeune homme? – d. Vous prenez un apéritif? – e. Vous désirez un dessert? – f. Un café? – g. Du fromage? – h. Un cognac? –

9 L **Sagen Sie, wieviel Sie wollen:**

Il y a des viandes froides. – Une assiette de viandes froides, s. v. p.

(un kilo, un litre, une assiette, un peu, un pichet, un cornet, une livre, un demi-litre).

a. Il y a des belles pommes. – b. Vous prenez des oranges? – c. Vous prenez du rosé? – d. Il y a des crudités. – e. Des frites? – f. Vous prenez de la glace dans le jus d'orange? – g. Nous avons du blanc en pichet. –

9 M **Bringen Sie die Antworten in die richtige Reihenfolge:**

Voilà l'addition, monsieur. –
Les chalets aux Tuileries sont ouverts? –
Vous prenez du fromage? –
Qu'est-ce que vous prenez comme boisson? –

Non, seulement un dessert.
Un grand Vichy, s. v. p.
Le service est compris?
Non, les jours de beau temps seulement.

9 N

Sagen Sie, daß in der Auberge du parc zoologique das Menu nicht teuer ist.
Rufen Sie den Kellner.
Bestellen Sie ein Lendenstück „gut durch".
Sagen Sie, daß sie keine Bohnen, sondern Pommes frites wollen.
Fragen Sie, ob es offenen Wein gibt.
Verlangen Sie im Restaurant die Rechnung.

10

10 A

Dans l'autobus 39

– Au musée du Louvre, s'il vous plaît. Est-ce qu'il faut changer?
– Non, nous passons au Louvre. Vous voulez visiter Paris?
– Oui.
– La prochaine fois, prenez un carnet. Vous avez 10 tickets dans un carnet. Ça coûte moins cher qu'un ticket au détail.
– Alors, je prends un carnet.
– Ah non, on n'achète pas de carnet dans l'autobus.
– Où donc alors?
– Aux terminus, dans les stations de métro et dans quelques tabacs.

10 B **Intoxiqué par les gaz d'échappement**

Un soir, dans un embouteillage, la police arrête un automobiliste qui semble complètement ivre. La police fait un alcootest. Résultat: pas d'alcool. Il est – seulement! – intoxiqué par les gaz d'échappement.

Pendant les heures de pointe, à Paris, il faut prendre le métro. Le métro est le moyen de transport le plus rapide et le moins cher.

10 C **Conversation en classe**

1. Regardez la ligne d'autobus.
   Où passe l'autobus 39? –
   Il passe à la porte St Martin, etc.

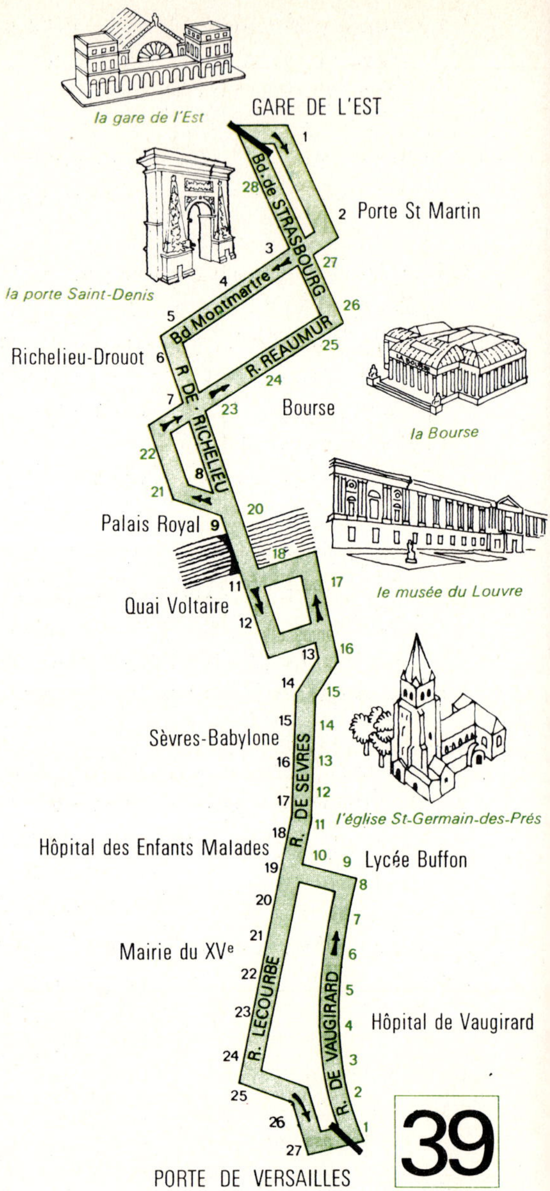

L'autobus offre aux visiteurs la meilleure vue de Paris.

2. Pourquoi prenez-vous le métro (l'autobus, un taxi, la voiture)? –
   a. Parce que c'est plus rapide que . . . . .
   b. Parce que c'est moins cher.
   c. Pour regarder Paris.
   d. Parce que c'est plus confortable.
   e. Parce que, pendant les heures de pointe, il y a des embouteillages.

3. Pourquoi est-ce que vous ne prenez pas le métro (l'autobus, un taxi, la voiture)?
   a. Parce que ce n'est pas pratique avec les bagages.
   b. Parce que je n'ai pas assez d'argent.
   c. Parce que j'ai peur des embouteillages.
   d. Parce que je veux regarder Paris.
   e. Parce que c'est trop cher.
   f. Parce que c'est trop dangereux.

4. Il faut prendre
   a. Quel moyen de transport faut-il prendre pendant les heures de pointe?
   b. Qu'est-ce qu'il faut prendre quand on a beaucoup de bagages?
   c. Qu'est-ce qu'il faut prendre quand on est pressé?
   d. Qu'est-ce qu'il faut prendre quand vous voulez regarder Paris?

5. Comment faites-vous pour aller au travail (à l'école)?

Est-ce que vous prenez	l'autobus?	Oui, je prends . . .
	le métro?	Non, je prends . . .
	le tram?	
	un taxi?	
Est-ce que vous allez	en voiture?	Oui, je vais . . .
	en vélo?	Non, je vais . . .
	en moto?	
	à pied?	

10D **Il faut . . . . .**

Il faut	changer.	*Man muß (Wir müssen)*	umsteigen.
	prendre le métro.		die U-Bahn nehmen.

10 E Qu'est-ce qu'il faut faire?

Il n'y a pas de place dans la tente.
Il faut coucher dans la voiture.

a. Il n'y a pas d'autobus. . . . . . un taxi. –
b. En août on ne trouve pas de chambre d'hôtel. . . . . . pour le mois d'août. –
c. Il n'y a pas de train direct pour Besançon. . . . . . à Lyon. –
d. Vous voulez peut-être échanger cette robe. . . . . . le ticket de caisse. –
e. Le vin blanc ne va pas avec l'entrecôte. . . . . . du rouge. –

10 F Qu'est-ce qu'il ne faut pas faire?

10 G prendre

Je	**prends**	un carnet.
Tu	**prends**	bien ton bain? – **Prends** . . .
Il Elle	**prend**	ses vacances en août.
Nous	**prenons**	le train. – **Prenons** . . .
Vous	**prenez**	un apéritif? – **Prenez** . . .
Ils Elles	**prennent**	le petit déjeuner dans leur chambre.

– Tu prends bien ton bain, Philippe?

10 H

Il y a un embouteillage sur l'autoroute. – Alors, prenons donc la nationale.

a. Il y a des embouteillages dans les rues. – Alors, ...
b. Il y a de très bons melons. – Alors, ...
c. Nous avons trop de bagages pour prendre l'autobus. – Alors, ...
d. Il n'y a pas de Vichy. – Alors, ...
e. Il n'y a pas de rosé. – Alors, ...
f. Ils ont des très bonnes tartes. – Alors, ...

10 I **Il (elle) prend . . . . .**
Ils (elles) prennent . . . . .

a. En ville, Pascale n'aime pas prendre sa voiture. Elle . . . . .
b. Pour économiser, elle . . . . . un carnet.
c. Pour aller en vacances, les Français n'aiment pas prendre le train. Ils . . . . .
d. Chantal aime la pâtisserie. Comme dessert, elle . . . . .
e. Angélique veut rester mince. C'est pourquoi elle ne . . . . . dessert.
f. En août les élèves sont en vacances. C'est pourquoi beaucoup de Français . . . . .
g. Le service est compris, mais quand même les garçons de restaurant . . . . . un pourboire.

10 K **Die Steigerung I**

1. Die Steigerung erfolgt mit **plus** und **moins**.

Le métro	**est plus rapide**	**que** l'autobus.	ist *schneller als*
	est moins cher	**que**	ist *billiger als*
C'est le moyen de transport		**le plus rapide.**	das *schnellste* Verkehrsmittel
		le moins cher.	das *billigste*

Le métro	va	**plus**	**vite que** l'autobus.	fährt *schneller als*
	coûte	**moins**	**cher que**	kostet *weniger als*
Le métro	va	**le plus**	**vite.**	fährt *am schnellsten*
	coûte	**le moins**	**cher.**	kostet *am wenigsten*

Vgl.: **moins grand** – *kleiner;* **moins cher** – *billiger;*

2. Unregelmäßige Steigerung: meilleur

un **bon** choix	eine *gute* Auswahl
une **bonne** vue	eine *gute* Aussicht
un **meilleur** choix	eine *bessere* Auswahl
une **meilleure** vue	eine *bessere* Aussicht
le **meilleur** choix	die *beste* Auswahl
la **meilleure** vue	die *beste* Aussicht

LE GEANT DU MEUBLE
LE MEILLEUR CHOIX AUX PRIX LES PLUS BAS DU SUD-EST.

10 L **Qu'en pensez-vous?**

Une jupe longue est chic. Et un pantalon? – Un pantalon est encore plus chic.
– Un pantalon est moins chic.

a. Le train est un moyen de transport confortable. Et l'auto? – b. Le métier de chauffeur est énervant. Et le métier de professeur? – c. La télé est amusante. Et la radio? – d. Les chaussures italiennes sont élégantes. Et les chaussures françaises? – e. Le vin français coûte cher. Et le vin italien? – f. Les vacances au bord de la mer sont agréables. Et les vacances en montagne? –

10 M ⚭

C'est un bon vin. – Mais l'autre est meilleur.
C'est une belle robe. – Mais l'autre est plus belle.

a. C'est un bon restaurant. – b. C'est une belle maison. – c. C'est une bonne glace. – d. C'est un beau manteau. – e. Ce sont des bonnes chaussures. – f. C'est une belle jeune fille. –

10 N Vous avez besoin de collants très longs. Demandez:

Quels sont les collants les plus longs?

a. Vous avez besoin de chaussures très confortables: Quelles sont . . . . ?
b. Vous cherchez un hôtel très moderne: Quel est . . . . ?
c. Vous cherchez une chambre calme: Quelle est . . . . ?

10 O

– *La télé en panne! Et ta mère qui arrive demain! Quelles vacances!*

	männlich		
Sing.	**Quel**	tee-shirt	prenez-vous?
Plur.	**Quels**	collants	
	weiblich		
Sing.	**Quelle**	robe	
Plur.	**Quelles**	chaussures	

Vous trouvez que
le vin est bon: **Quel vin!**
le parfum est bon:
le temps est beau:
la voiture est belle:
votre métier est énervant:
la maison est jolie:
les prix sont trop hauts:

10 P **Bringen Sie die Antworten in die richtige Reihenfolge:**

Pour aller à Pigalle?–	Parce qu'il y a souvent des embouteillages sur l'autoroute.
Pourquoi est-ce que vous prenez la nationale? –	Non, il y a trop de gaz d'échappement là-bas.
Où est-ce qu'on achète les carnets? –	Prenez le 30.
Vous n'aimez pas le parking souterrain?	Aux terminus.

10 Q **Fragen Sie,**

a. welchen Bus Sie nehmen müssen, um zum gare de l'Est zu kommen.
b. wo es Fahrscheinhefte zu kaufen gibt.
c. ob dieser Bus am Louvre vorbeifährt.
d. ob dieser Bus zum gare Montparnasse fährt.

11

11A

«Pas facile, la vie!»

7 heures du matin. Il y a déjà quelques clients au bistrot, des ouvriers avant le travail.
J'entends: p'tit noir, grand crème, calva, p'tit blanc, bière . . .
On parle peu. Le garçon rend la monnaie sans un mot. Pas de merci. Pas d'au revoir.
– Garçon, une mirabelle. Quelque chose de bon.
– Voilà.

Le garçon range la bouteille et entend:
– La même chose . . .
– Vous en prenez deux tous les matins?
– Tous les matins, répond le client.
On dit que l'alcool tue . . . En tout cas, c'est meilleur pour la santé que toutes ces saloperies de fumées à l'usine.

Entre midi et 14 heures, dans les cafés de Paris, c'est une orgie de pizzas, d'œufs durs et de sandwiches.

Maurice L. emporte son casse-croûte au travail. La pause ne dure qu'une heure. Il mange, puis il range ses affaires et attend le rituel «allez, on va attaquer ce mur», du patron.

Le soir.

A 17 h 30, Olivier S. retrouve sa femme, ses deux filles, son chien.
Il va dans sa chambre, met un vieux pantalon, un vieux pull et ses pantoufles. A cet instant, il coupe les ponts avec le travail. Sa femme prépare le dîner. Pour beaucoup, les dîners sont brefs: tomates, omelette, épinards, spaghettis, jambon, camembert ou yaourt. Presque jamais de viande. Trop chère.

Roland G.: Je prends mes repas debout dans la cuisine. Et surtout pas d'assiette! Je mange tout dans la boîte. Je déteste faire la vaisselle.

11 B Conversation en classe

1. Est-ce que vous aimez ou est-ce que vous détestez ça?
   a. faire la vaisselle? – b. manger dans la boîte? – c. faire la cuisine? –
   d. ranger les chambres? – e. mettre des vieux vêtements le soir? –
   f. les lundis matin? – g. aller au travail le matin? – h. économiser sur tout? –
   i. parler le matin? –
2. Pourquoi est-ce qu'on met des pantoufles le soir à la maison?
3. Pourquoi est-ce que les ouvriers emportent leur casse-croûte?
4. Pourquoi est-ce qu'on mange vite dans les cafés de Paris?
5. Quand est-ce que vous êtes le plus pressé(e), avant ou après le travail?
6. Est-ce que chez vous les dîners durent longtemps ou pas?

7. Regardez les annonces: Où est-ce qu'on trouve du travail? –
On trouve du travail comme maçon dans le bâtiment (am Bau).
comme . . . . .

11 C **Die Verben auf -re (Typ attendre)**

z. B.:			
attendre	warten	répondre	antworten
entendre	hören	descendre	hinuntergehen, aussteigen
rendre	zurückgeben	correspondre	korrespondieren

				Imperativ:
	J'	attend**s**		
Qu'est-ce que	tu	attend**s**	ici?	Attend**s** un peu.
	Il / Elle	attend	le train.	
	Nous	attend**ons**	devant la gare.	Attend**ons** ici.
	Vous	attend**ez**	depuis longtemps?	Attend**ez** un instant.
	Ils / Elles	attend**ent**	le week-end.	

11 D **Vous aussi, vous attendez . . .?** ꝏ

a. J'attends le train de Bordeaux. Vous aussi, vous . . . . . le train de Bordeaux?
b. J'attends déjà depuis longtemps un paquet. – Vous aussi, ...?
c. Je descends au Louvre.
d. J'attends des amis à dîner.
e. J'entends quelque chose.
f. Je corresponds avec une Française.
g. Je réponds en allemand.

– Maman . . . le monsieur aussi, il attend un heureux événement? . . .

11 E **Setzen Sie eine Form von entendre, descendre, attendre oder répondre ein:**

a. Vous pouvez bien appeler le garçon. Il . . . . . pas.
b. Vous montez? – Non, nous . . . . . .
c. Pourquoi êtes-vous à la gare? – J' . . . . . des amis.
d. Pourquoi est-ce que tu ne . . . . . pas à ma lettre?
e. Un petit instant. . . . . . ici, s'il vous plaît.
f. Je vais jusqu'à la gare de l'Est. Je ne . . . . . pas au Louvre.

11 F **mettre**

			Imperativ:
Je	**mets**	un vieux pull.	
Tu	**mets**	ta robe neuve?	**Mets** ta robe bleue.
Il	**met**	les assiettes sur la table.	
Elle se	**met**	du parfum.	
Nous	**mettons**	la voiture au garage.	**Mettons** la voiture au garage.
Vous	**mettez**	cela sur le lit?	**Mettez** cela ici.
Ils	**mettent**	du lait dans le thé.	
Elles	**mettent**	la table.	

11 G **Qu'est-ce qu'il (elle) fait?**

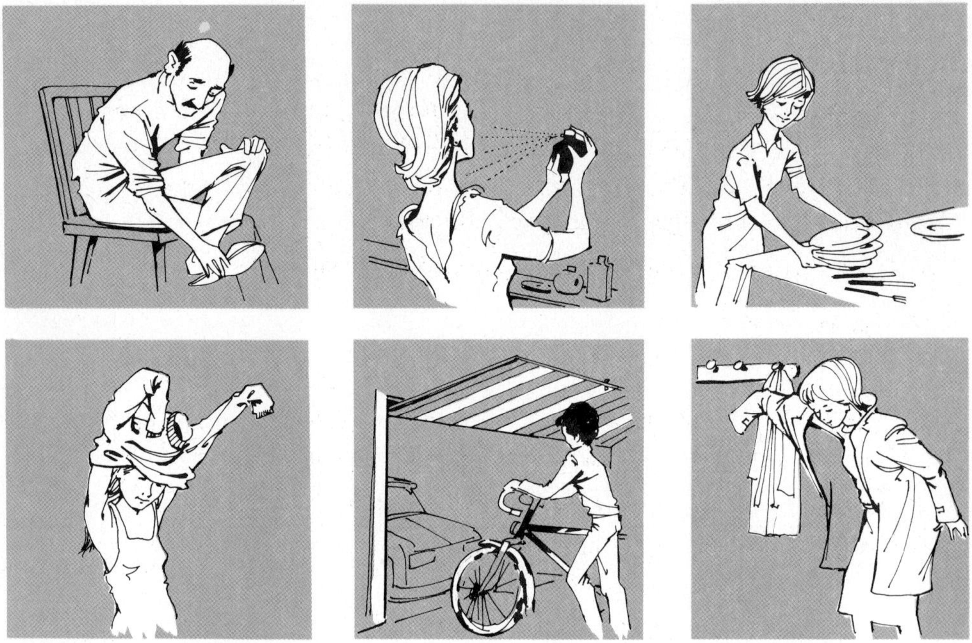

11 H **Sagen Sie Ihrer Frau (Ihrer Freundin), was sie anziehen soll.**

(une robe longue, la robe neuve, un pantalon, un ensemble, un manteau, des jeans, un pull, un tailleur)

Qu'est-ce que je mets pour aller chez les Dubois? – Mets ta robe neuve.

a. Qu'est-ce que je mets pour le théâtre? – b. Qu'est-ce que je mets pour le pique-nique? – c. Qu'est-ce que je mets pour aller danser? – d. Qu'est-ce que je mets pour aller dîner? – e. Qu'est-ce que je mets pour aller à Paris? –

11 I tout, toute, tous, toutes

1. Vor dem Substantiv

Singular		*Plural*	
m. en **tout** [tu] cas	auf *jeden* Fall	**tous** [tu] les jours	*alle* Tage
w. **toute** [tut] la journée	den *ganzen* Tag	**toutes** [tut] les semaines	*jede* Woche

Tout kann auch mit un, ce, mon, ma, mes, etc. gebraucht werden: toutes ces saloperies, tout son argent (sein ganzes Geld).

Beachten Sie die Stellung im Vergleich zum Deutschen.

2. Alleinstehend

[tu] *alles* suchen	Ils	vont	**tous** [tus]	au supermarché.
	Elles	vont	**toutes** [tut]	
	Sie gehen		*alle*	
[tu] *alles* finden				

11 K Antworten Sie auf die untenstehenden Fragen mit diesen Ausdrücken:

(tous les mois, – tous les soirs, – tous les deux ou trois jours, – tous les jours, – tous les matins, – jamais, – tous les dimanches (lundis), – toutes les 10 minutes, – toutes les demi-heures, – tous les week-ends, – toutes les semaines.)

a. Quand est-ce que le dancing Mimi Pinson est ouvert?
b. Quand est-il fermé?
c. Vous allez quelquefois déjeuner ou dîner au restaurant?
d. Vous regardez quelquefois la télévision?
e. Vous achetez quelquefois un journal?
f. Quand est-ce que vous prenez un bain?
g. Quand est-ce que vous avez un train (un autobus, un tram ou le métro) pour aller au travail?

11 L **ne . . . . . que (nur)**

La pause dure longtemps? (une heure) – Elle ne dure qu'une heure.

a. Vous avez beaucoup d'argent? (10F) – b. Vous restez longtemps? (2 jours) – c. Vous emportez beaucoup à manger? (2 sandwiches) – d. Il attend déjà depuis longtemps? (une demi-heure) – e. Vous emportez beaucoup de vêtements en vacances? (2 robes et 2 pantalons) – f. Vous êtes 4 personnes? (3) –

11 M **Vous avez l'heure?**

Il est midi et demi.

Il est midi trente.

Il est minuit et demi.
Il est minuit trente.

Il est midi et quart.

Il est midi quinze.

Il est minuit et quart.
Il est minuit quinze.

Il est midi moins **le** quart.
Il est onze heures quarante-cinq.
Il est minuit moins **le** quart.
Il est vingt-trois heures quarante-cinq.

Il est onze heures et demi**e**.
Il est onze heures trente.
Il est vingt-trois heures trente.

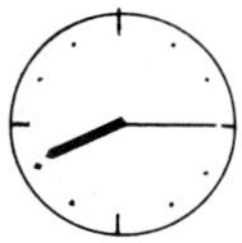

Il est huit heures et quart.
Il est huit heures quinze.
Il est vingt heures quinze.

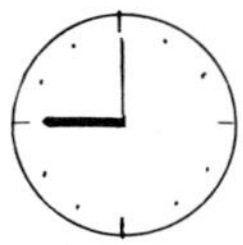

Il est neuf heures précises.
Il est vingt et une heures précises.

11 N

Quelles sont les heures de pointe?

2 PARIS ↔ LYON ↔ MARSEILLE ↔ NICE

Le Lyonnais *Le Mistral* *Le Rhodanien*

km	13	11	17				16	12	10	
	A		B				C	D		
	LE LYONNAIS	LE MISTRAL	LE RHODANIEN				LE RHODANIEN	LE LYONNAIS	LE MISTRAL	
»	**12 15**	**13 20**	**17 25**	D	**PARIS-Gare de Lyon** ..	A	**13 59**	**22 20**	**23 35**	...
315	14 32	15 40	|	A	DIJON	D	|	|	21 13	...
512	**16 »**	**17 7**	**21 9**	A	**LYON-Perrache**	D	**10 13**	**18 30**	**19 46**	.....
		17 10	**21 11**	D		A	**10 11**		**19 44**	...
617		18 4	22 6	A	VALENCE	D	9 18		18 50	...
742		19 1	23 5	A	AVIGNON	D	8 21		17 52	...
863		**19 59**	**0 »**	A	**MARSEILLE-St-Ch.**	D	**7 25**		**16 54**	.....
		20 11		D		A			**16 47**	...
930		20 49		A	TOULON	D			16 6	...
1024		21 37		A	ST-RAPHAEL	D			15 19	...
1057		21 58		A	CANNES	D			14 57	...
1068	—	22 10		A	ANTIBES	D		...	14 47	...
1088	...	**22 25**	—	A	**NICE-Ville**	D	.....	.....	**14 34**	.....

11 O **Prenez le Mistral.**

a. A quelle heure est-ce qu'il y a un train pour Nice?
b. Quand est-ce que le train de 17 h 25 est à Lyon (à Valence, à Marseille)?
c. Quand est-ce que le Lyonnais est à Dijon?
d. Combien de temps met le Mistral de Paris à Nice?

11 P **Bringen Sie die Antworten in die richtige Reihenfolge.**

Elles sont bonnes, les omelettes? –
N'allez pas en ville en voiture. –
Qu'est-ce que vous prenez? –
Vous allez souvent au bistrot? –

Quelque chose de bon, un cognac.
Presque jamais.
En tout cas, elles ne coûtent pas cher.
Surtout pas pendant les heures de pointe.

11 Q

Sagen Sie, Ihr Freund möchte einen Augenblick warten.
Fragen Sie Ihren Freund, ob er schwarzen Kaffee oder Milchkaffee nimmt.
Sagen Sie, daß Sie am Morgen wenig reden.
Fragen Sie nach der Uhrzeit.
Sagen Sie, daß Sie nur wenig Zeit (le temps) haben.
Sagen Sie, daß Sie am Montag morgen ungern zur Arbeit gehen.

12 A **Le centre des villes aux piétons** ꝏ

12

– Les urbanistes ne parlent que de cela. Il faut rendre le centre des villes aux piétons. Qu'en pensez-vous?
– Je suis tout à fait de votre avis. On ne peut plus respirer avec cette circulation. La pollution de l'air, c'est vraiment un problème.
– Est-ce pour cela que tant de gens quittent la ville et choisissent les environs?
– Bien sûr. Aux environs des villes, il y a déjà toutes sortes de magasins. On peut faire ses courses tranquille.

Dans beaucoup de villes on trouve déjà des zones piétonnes. Il y en a à Strasbourg, à Aix-en-Provence, à Lille, à Grenoble, à Perpignan, à Chambéry. En général, ça réussit très bien. Finis les embouteillages! Le centre est aux piétons.

12 B ꝏ

L'enfer des «paradis piétonniers»

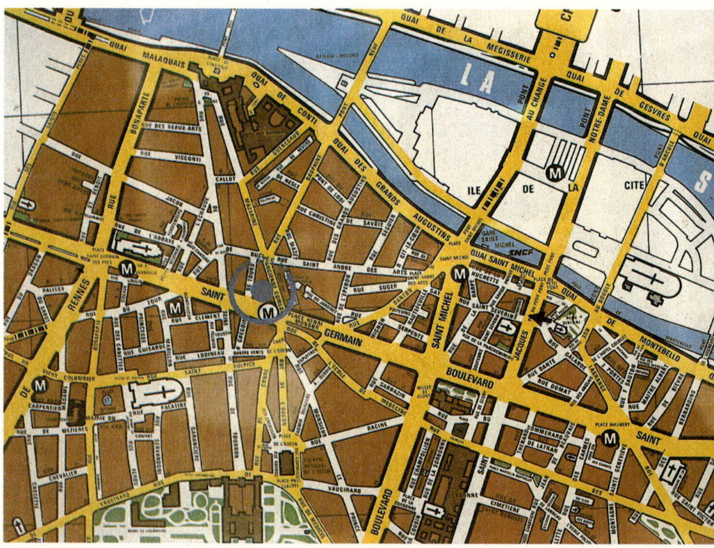

A Paris, les habitants de la rue Saint-Séverin, première rue piétonnière, se réunissent déjà pour protester:
– Notre rue n'est que bruit et fureur. Le bruit grandit de jour en jour. On n'entend

plus les moteurs, mais il y a des gens qui frappent toute la nuit sur des tam-tams et hurlent des chansons.

– A la place des voitures, il y a des ivrognes. Ils prennent les cours des immeubles pour des W.-C.

– Fermer une rue à la circulation par des chaînes ou même par des bacs à fleurs, ce n'est pas en faire une rue piétonnière. Il y a des gens qui ne réfléchissent pas avant d'agir.

12 C **Conversation en classe**

1. Qu'est-ce que vous préférez,
   a. le centre de la ville?
   b. les environs?
   c. la campagne?

2. Pourquoi est-ce que beaucoup de gens préfèrent la ville?
   Pensez aux magasins, aux théâtres, aux musées, aux bibliothèques, aux restaurants, aux distractions.

3. Pourquoi est-ce qu'il y en a d'autres qui préfèrent les environs?
   Pensez au bruit, à la pollution de l'air, à la circulation, aux centres commerciaux, aux prix des appartements, aux moyens de transport, au parking.

CAMPAGNE NATIONALE ANTIPOLLUTION CO/CO2
MINISTERE DE LA QUALITE DE LA VIE

centre commercial régional
POLYGONE
montpellier
entièrement climatisé
2 grands magasins (Galeries Lafayette · Parunis)
80 boutiques · 3 cinémas
2 banques · 4 restaurants
2000 places de parking a l'ombre
C P Conseil

4. Quels sont les problèmes de la vie à la campagne?
   Pensez au travail, aux moyens de transport, aux magasins.

12 D **Die Verben auf -ir (Typ finir)**

choisir	wählen	grandir	größer werden
finir	beenden	réfléchir	nachdenken
réussir	gelingen	ralentir	langsamer fahren
réunir	vereinigen	garantir	garantieren
agir	handeln		

		Imperativ:
Je	réfléch**is**	
Tu	réfléch**is**	Ne réfléch**is** pas.
Il Elle	ne réfléch**it** pas avant de parler.	
Nous	réfléch**issons**	**Réfléchissons.**
Vous	réfléch**issez**	Ne réfléch**issez** pas trop longtemps.
Ils Elles	ne réfléch**issent** pas avant d'agir.	

12 E **Setzen Sie eine Form von réussir, réfléchir, choisir, ralentir, se réunir ein.**

– C'est par mer un peu forte que tu réussis tes meilleures toiles! .....

a. Vous ..... bien dans votre métier. –

b. Les bons élèves ne ..... pas toujours dans la vie. –

c. Elle n'aime pas faire la cuisine. Elle ne ..... jamais un dîner. –

d. Elles ne ..... pas avant de parler. –

e. Vous avez le choix. Il faut ..... l'un ou l'autre. –

f. Attention aux piétons, ... !

g. Les gens se ..... pour protester contre les centrales nucléaires. –

12 F **Was sagen Sie in dieser Situation?**

(Verwenden Sie die Verben: *finir, ralentir, réussir, réfléchir.*)

a. Votre enfant ne finit pas son dessert. Pourquoi . . . . .?
b. Il ne finit jamais son assiette. Tu ne . . . . . .
c. Votre ami va trop vite en voiture. Le feu est au rouge et il ne ralentit pas. . . . . .
d. Vous trouvez que votre amie réussit bien les tartes. Vous . . . . . .
e. La discussion dure déjà depuis une heure. Il faut . . . . . .
f. Vous trouvez que votre ami réfléchit trop. Vous . . . . . .

– Au prix que ça coûte, je finis les plats.

12 G **Das Pronomen en**

1. en steht für eine unbestimmte Anzahl oder Menge:

Il y a **des zones piétonnes**?	
Il y **en** a.	Es gibt *welche.*
Il n'y **en** a pas.	Es gibt *keine.*

2. en steht zusammen mit Zahlwörtern und Mengenangaben:

Vous prenez une **mirabelle**?	
J'**en** prends une tous les matins.	Ich trinke einen.

Hier hat **en** im Deutschen keine Entsprechung.

3. en steht für eine Ergänzung mit de:

Que pensez-vous **des zones piétonnes**?	
Qu'**en** pensez-vous?	Was halten Sie *davon*?

12H **Vous faites ça souvent?**

Est-ce que vous portez des jeans? –

Je n'en porte	jamais.	*nie*
J'en porte	souvent.	*oft*
J'en porte	quelque-fois.	*manchmal*

a. Est-ce que vous parlez toujours de vos problèmes? – b. Vous mangez de la pâtisserie? – c. Vous prenez des médicaments? – d. Vous mettez des gants? – e. Vous prenez du café après les repas? – f. Vous prenez souvent des photos? –

12I **ne . . . . . plus**

On **n'**entend **plus** les moteurs.	Man hört die Motoren *nicht mehr.*
Il **n'**y a **plus de** bruit.	Es gibt *keinen* Lärm *mehr.*

12K **A la gare de Lorient**

Est-ce qu'il y a encore un train pour Brest le soir? –
Non, il n'y en a plus. Il y en a un le matin.

a. Est-ce qu'il y a encore un train pour Rennes le soir? – Oui, ... à . . . . . – b. Est-ce qu'il y a un train pour Paris le matin? – c. Est-ce qu'il y a encore un train pour Redon le soir? – d. Est-ce qu'il y a un train pour Quimper la nuit? – e. Combien de trains y a-t-il pour Paris avant midi? –

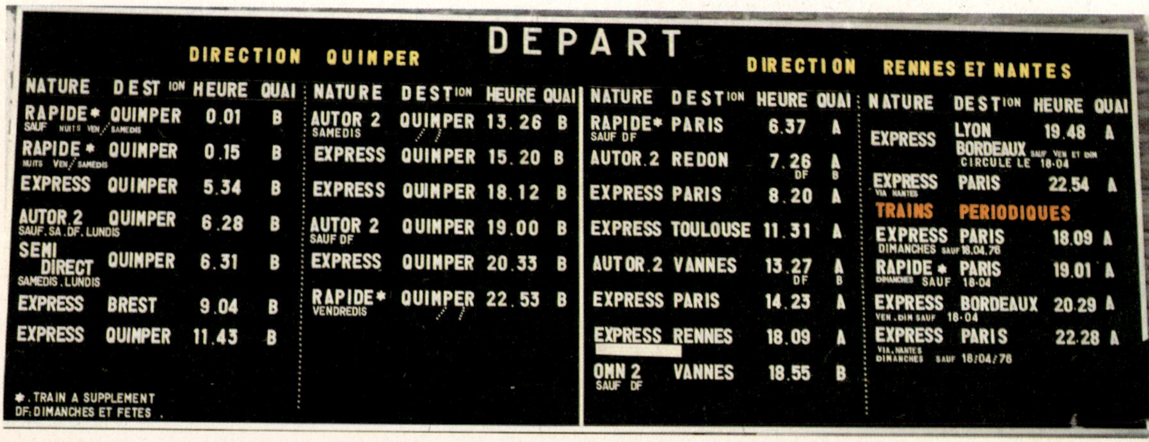

12 L **Drücken Sie Ihre Meinung aus.**

Vous êtes de mon avis?

Il y a trop de films policiers à la télé.
– Je suis tout à fait de votre avis. Il y en a trop.
– Je ne suis pas de votre avis. Il n'y en a jamais trop.

a. Il y a trop de rues piétonnières. – b. En France, il y a trop d'industries. – c. Il n'y a pas assez de centrales nucléaires. – d. Il y a trop de supermarchés. – e. Il n'y a pas assez de W.-C. publics dans les villes. –

12 M **être à ..... gehören**

Le centre	**est aux**	piétons.	Das Zentrum *gehört* den Fußgängern.
La voiture	**est à**	vous.	Das Auto *gehört* Ihnen.

12 N **C'est à qui?**

– Voilà une voiture à la sortie du garage.
– Elle est à qui? A M. Meunier?
– Non, elle n'est pas à M. Meunier. Ce n'est pas sa voiture.

– Voilà un manteau. Il est à qui?
– C'est le manteau de Mme Rabiet peut-être.
– C'est à vous, madame, ce manteau?
– Ah oui, il est à moi, merci.

Bilden Sie ähnliche Dialoge:

a. Voilà un sac dans la voiture. (Pascale?) – b. Voilà un vélo devant la maison. (Christophe?) – c. Voilà un porte-monnaie. (M. Dubois?)

12 O **Mettez les réponses dans le bon ordre:**

Ils ne partent pas? –
Je n'aime pas le pâté. Qu'est-ce que vous avez à la place? –
Aujourd'hui, il n'a pas d'appétit. –
Vous n'avez pas de pommes? –

J'ai toutes sortes de fruits.
Mais, en général, il mange beaucoup.
Ils prennent notre maison pour un hôtel.
Du jambon ou des crudités.

12 P

Sagen Sie, daß hier zu viel Lärm ist, und daß Sie davon schon genug in der Fabrik haben.
Fragen Sie Ihre Freundin, ob sie oft zum Großmarkt fährt.
Sagen Sie, daß Sie in der Fußgängerzone in der Nacht Angst haben.
Fragen Sie, ob man mit dem Auto zum Zentrum fahren kann.
Fragen Sie den Parkplatzwächter, ob noch ein Parkplatz (place) da ist.

12 Q

Trois lettres pour trois mots

Cherchez les trois premières lettres communes aux trois mots:

① PAR	→	LER
	→	FUM
	→	DON
② _ _ _	→	CONTRER
	→	SEIGNEMENT
	→	DRE
③ _ _ _	→	BIEN
	→	MENT
	→	PLET
④ _ _ _	→	PARER
	→	FÉRER
	→	CIS

13

13 A Choisissez votre correspondant

– Jeune homme, 25 ans, simple, aimant la lecture, le cinéma et les voyages, désire correspondre avec jeunes filles sympas et sérieuses, 20 à 25 ans, toutes nationalités.

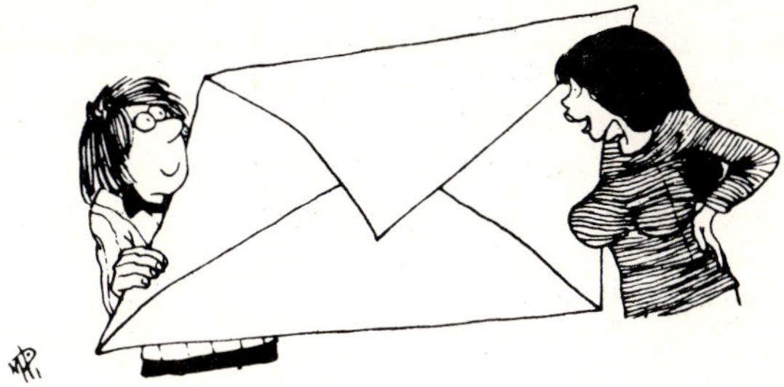

13 B

Munich, le 8 mars 19..

Cher Monsieur,

J'ai trouvé votre annonce dans le Nouvel Observateur. J'ai acheté ce journal pendant mon dernier séjour en France il y a trois semaines.

Je voudrais bien correspondre avec vous pour mieux apprendre le français. J'aime beaucoup votre pays. J'y suis déjà allée deux fois, une fois sur la Côte et une fois en Bourgogne. Mais je n'y suis restée que quelques semaines. Comme vous, j'aime beaucoup les voyages et la lecture.

Ci-joint ma photo. J'ai 21 ans.

J'attends votre réponse.

Amitiés

Sabine Berny

La Grande Motte, le 7 avril 19..

Chère Mademoiselle,

Je vous remercie de votre lettre. Excusez-moi si je n'ai pas répondu plus tôt. J'ai eu beaucoup de travail.

Votre français est très bon. Vous n'avez pas fait de fautes. Moi, j'ai appris un peu d'allemand à l'école, mais je n'ai pas encore eu la chance d'aller en Allemagne.

J'ai passé mon bac à 19 ans. Puis je suis entré en fac de droit. J'ai été étudiant deux ans, mais je n'ai pas fini mes études. J'en ai eu assez. Il y a trop de candidats et les chances de trouver un poste après l'examen sont faibles.

Maintenant, je travaille comme garçon au Frantel de la Grande Motte. Ça me plaît. Il y a toujours du monde et ça paye bien.

A bientôt de vos nouvelles.
Amitiés

André Bernard

P.S.: Ci-joint quelques photos de la région.

13 D Vous avez compris?

a. Est-ce que Sabine a déjà été en France?
b. Combien de fois est-elle allée en France?
c. Où a-t-elle été?
d. Quand est-ce qu'André a répondu à la lettre d'Annette?
e. Pourquoi n'a-t-il pas fini ses études?
f. Qu'est-ce qu'ils ont joint à leurs lettres?

13 E Conversation en classe

1. Je suis allé(e) . . .
Etes-vous déjà allé(e) à l'étranger? (une fois, quelquefois, souvent, jamais)

2. Je suis allé(e) en (à) . . .
Où êtes-vous allé(e)? (en France, en Italie, en Angleterre, en Espagne, en Hollande, en Belgique, en Amérique; à Paris, à Rome, etc.)

3. J'y ai été . . .
Quand avez-vous été en France, en Italie etc.? Combien de fois? (cette année, l'année dernière, il y a . . . ans, en août, il y a quelques semaines, etc. J'y vais souvent, tous les ans, etc.)

4. Je suis resté(e) . . . J'ai fait . . .
Où êtes-vous resté(e)? (dans une famille? chez des amis? à l'hôtel?)
Avez-vous fait du camping?

5. J'y suis allé(e) . . . J'ai pris . . . J'ai fait . . .
Est-ce que vous y êtes allé(e) en voiture? (en car? en train?)
Avez-vous pris le train (l'avion)? Vous avez fait du stop?

6. J'y suis resté(e) . . .
Combien de temps y êtes-vous resté(e)?

7. J'ai appris . . . Je n'ai pas appris . . . Je n'ai jamais eu la chance de . . .
Avez-vous appris une langue étrangère à l'école?

8. J'ai correspondu . . . Je n'ai jamais correspondu . . .
Avez-vous déjà correspondu avec un étranger (une étrangère)?
De quelle nationalité?

– Il aime la pêche.

9. Qu'est-ce que vous aimez?

a. le sport (le tennis, le football, l'alpinisme, le golf, le ski, la danse, la pêche, aller en voiture, faire de la moto, faire du vélo)
b. la lecture, le cinéma, les voyages, la musique classique, le jazz, le bricolage (Basteln)

Moi, j'aime . . . . .

13 F **Das passé composé**

1. mit avoir

J'	**ai**	**réservé** une chambre.
Tu n'	**as** pas	**fini** ton dessert?
Il **Elle**	**a**	**répondu** à ma lettre.
Nous	**avons**	**eu** de la chance.
Vous	**avez**	**choisi?**
Ils **Elles**	**ont**	**été** en France deux fois.

– C'est bon, il a mis sa ceinture de sécurité.

Das passé composé der meisten Verben wird mit **avoir** und dem **Partizip Perfekt** gebildet.

réserver – **réservé**	finir – **fini**	répondre – **répondu**
reservieren – *reserviert*	beenden – *beendet*	antworten – *geantwortet*

Die sog. unregelmäßigen Zeitwörter, die nicht zu den obigen Gruppen gehören, müssen besonders gelernt werden, z. B.:

avoir – **eu**	mettre – **mis**	prendre – **pris**	comprendre – **compris**
être – **été**	faire – **fait**	apprendre – **appris**	

2. mit être

Je	**suis**	**entré(e)**	sans payer.
Il y	**est**	**resté**	deux ans.
Elle	**est**	**descendue**	à la gare de l'Est.
Ils	**sont**	**allés**	sur la Côte.
Elles	**sont**	**parties**	voir la mer.

Einige Verben bilden das passé composé mit **être**. Das Partizip Perfekt richtet sich dann in Geschlecht und Zahl nach dem Subjekt.

13 G **Répondez à une de ces annonces.**

Jeune femme blonde, 29 ans, jolie, mince, 1,65 m, charmante, moderne, sérieuse, gaie, aimant la musique et les voyages, voudrait correspondre avec homme de 30 à 40 ans.

J. H., 27 ans, 1,80 m, seul, simple et sympathique, sportif, désire correspondre avec J. F. 22–26 ans, sincère, mignonne.
Joindre photo S. V. P.

Vous avez trouvé cette annonce dans le Nouvel Observateur.
Quel âge avez-vous?
Etes-vous déjà allé(e) en France? Quand? Où? Jamais?
Qu'est-ce que vous aimez (faire)?
Et votre photo!

13 H **Qu'est-ce qu'il a fait?**

Regardez le texte 13C. Qu'est-ce que le jeune homme a fait à 19 ans?
et puis (ensuite, après)? Continuez.

13 I **y**

Vous êtes déjà allé **en France?** –	J'**y** suis allé une fois.	**Ortsbestimmung → y**
Vous jouez **au loto?** –	Je n'**y** joue jamais.	**à + Sache → y**

13 K

Avez-vous déjà gagné au loto? –	Non, jamais. Je n'**y** ai jamais gagné. J'**y** ai déjà gagné une fois. Je ne joue pas au loto. (Je n'**y** joue pas.)
Est-ce que vous avez déjà pris un billet de loterie? –	Je n'**en** prends jamais. J'**en** ai pris un. etc.

a. Avez-vous déjà joué à la roulette? – b. Avez-vous déjà mangé des olives? – c. Avez-vous déjà été sur la tour Eiffel? – d. Avez-vous déjà eu une panne d'auto? – e. Avez-vous déjà fait du camping en France? – f. Etes-vous déjà allé(e) en Bourgogne? – g. Est-ce que vous mangez quelquefois au restaurant? – h. Est-ce que vous allez quelquefois à la montagne? – i. Est-ce que vous pensez encore à votre travail quand vous êtes en vacances? –

– J'voudrais d'ça et d'ça! ...

13 L **Je voudrais ... Ich hätte gern ...**

Den Ausdruck *je voudrais* ... können Sie häufig verwenden:

a. Au restaurant: Je voudrais un bon bifteck. etc.

b. Au bistrot: Je voudrais ...
c. Dans un magasin de vêtements: ...
d. Au bureau de poste: .....
e. A la papeterie: .....
f. Pour réserver une chambre d'hôtel, une table au restaurant, une place dans le train: .....

13 M **Demandez à votre ami(e) ...**

... où il (elle) a passé ses vacances: Où avez-vous passé vos vacances?

a. . . . . quand il (elle) est parti(e) en vacances. – b. . . . . à quelle heure il (elle) est rentré(e) dimanche soir. – c. . . . où il (elle) a passé le week-end. – d. . . . où il (elle) a acheté sa voiture. – e. . . . où il (elle) a appris le français. – f. . . . ce qu'il (elle) a fait dimanche dernier. – g. . . . pourquoi il (elle) n'a pas joué au loto cette semaine. –

13 N **La date** ꝏ

Nice, le 11 mai	[ləõz]	Vor huit und onze wird le nicht zu l'.
Munich, le 8 mars	[ləɥi]	[ɥi] vor Konsonant, sonst [ɥit].
Mâcon, le 21 février	[ləvɛ̃teɛ̃]	Zur Angabe des Datums steht im Gegensatz zum Deutschen die Grundzahl.
Bordeaux, le 1er juin	[ləprəmje]	Ausnahme: le premier

Monatsnamen: Janvier, février, mars, avril, mai, juin, juillet, août, septembre, octobre, novembre, décembre.

Quand est-ce, la Pentecôte (Pfingsten)?
Quand est-ce, le lundi de Pentecôte?
Quand est-ce, la fête des pères?
Quand commence l'été?
Quel jour sommes-nous aujourd'hui?
Quand êtes-vous né(e)?

19.. **JUIN** 19..

Lundi		3	10	17	24
Mardi		4	11	18	25
Mercredi		5	12	19	26
Jeudi		6	13	20	27
Vendredi		7	14	21	28
Samedi	1	8	15	22	29
Dimanche	2	9	16	23	30

DIMANCHE 2 PENTECOTE
LUNDI 3 LUNDI DE PENTECOTE
DIMANCHE 16 FÊTE DES PÈRES
VENDREDI 21 ÉTÉ

13 O **Die Grundzahlen ab 61** ꝏ

61	soixante et un	100	cent
70	soixante-dix	101	cent un
71	soixante **et** onze	200	**deux** cent**s** livres
72	soixante-douze	201	deux cen**t** un (kein *s*, wenn eine Zahl folgt)
80	quatre-vingt**s** élèves	1 000	mille
81	quatre-ving**t-un** [katrəvɛ̃ɛ̃]	2 000	deux mill**e** livres (*mille* hat nie ein *s*)
90	quatre-vingt-dix	1 000 000	un million (de), (deux millions: Plural immer *s*)
91	quatre-vingt-onze (kein *s*, wenn eine Zahl folgt)		

13 P **Vêtements pour hommes**

Combien coûte. . .

a. une cravate?
b. une chemise?
c. un costume?
d. un pantalon?
e. un pull(-over)?
f. un blazer en tergal?

13 Q **Mettez les réponses dans le bon ordre:**

Où avez-vous appris le français? –	On y gagne bien sa vie.
Pourquoi est-ce que vous travaillez dans l'hôtellerie? –	J'ai eu de la chance.
Vous avez toujours réussi? –	Non, j'en ai assez.
Tu ne travailles plus à l'usine? –	J'ai travaillé en France.

13 R **Schreiben Sie einen Brief.**

Es ist das erste Mal, daß Sie auf eine Annonce antworten. (C'est . . . . . que)
Sie möchten gerne mit einem Franzosen (mit einer Französin) korrespondieren, um besser Französisch zu lernen.
Sie waren schon einmal in Frankreich, aber Sie haben nicht viel (grand-chose) gelernt, weil Sie die Reise mit einem deutschen Freund (mit einer deutschen Freundin) gemacht haben.
Sie sind . . . Jahre alt.
Sie legen Ihr Photo bei.
Sie hoffen auf baldige Antwort und grüßen herzlich.

14

14 A **Psychotest**

L'argent et vous

Mettez une croix ⊗ chaque fois que vous êtes d'accord.

1. Les gens qui sont très riches

– ont eu beaucoup de chance. ○ 5
– sont malhonnêtes. ○ 1
– l'ont mérité parce qu'ils ont beaucoup travaillé. ○ 3

2. Ma manière d'acheter.

– J'achète toujours dans les centres commerciaux parce que c'est moins cher. ○ 1
– J'achète en général dans mon quartier, chez les petits commerçants que je connais et qui me connaissent. ○ 5
– Je profite toujours des soldes. ○ 3

3. J'ai un objet d'une certaine valeur que je n'aime plus.

- Je le donne. ○ 5
- Je le revends. ○ 1
- Je le jette. ○ 5
- Je le range dans un coin et je l'oublie. ○ 3

4. Le pourboire.

- Je n'en donne jamais quand le service est compris. ○ 1
- J'aime beaucoup donner un pourboire. ○ 5
- Je n'ose pas ne pas donner de pourboire. ○ 3

5. Les billets dans mon portefeuille.

- Je les range par catégories et je connais à peu près la somme que j'ai sur moi. ○ 3
- J'ai toujours beaucoup d'argent sur moi et je ne sais pas combien. ○ 5
- Je n'ai pas mon argent sur moi. Il est en banque. Je paye le plus souvent par chèque ou par carte de crédit. ○ 1

6. La monnaie.

- Je ne la recompte jamais. ○ 5
- Je la recompte toujours. ○ 2
- En général, je l'estime à peu près. ○ 3

7. Faire mes comptes.

– Je ne les fais jamais. ○ 5
– Je note toutes mes dépenses sur un carnet. ○ 2

14 B **Solution:**

1. Plus de 30 points: Vous êtes gentil(le) et généreux (-euse). Vous avez beaucoup d'amis.
2. Entre 10 et 30 points: Vous êtes économe. Quand vous avez des ennuis d'argent, cela ne dure jamais longtemps.
3. Moins de 10 points: Vous n'aimez pas donner. Vous avez peu d'amis. Vous pensez qu'il ne faut jamais donner pour rien.

– *Je n'ai jamais d'argent sur moi.*

14 C **Conversation en classe**

1. Combien d'argent avez-vous sur vous?
2. Combien d'argent avez-vous sur vous quand vous allez faire des courses?
3. Quand vous allez à l'étranger, qu'est-ce que vous emportez, des chèques ou de l'argent comptant?
4. Est-ce que vous aimez ou est-ce que vous détestez le shopping?
5. Où (A qui) donnez-vous un pourboire?
6. Quand est-ce qu'il y a des soldes chez nous?
7. Quelle est la différence entre les petits commerçants et les centres commerciaux? Pensez aux prix, à la qualité.

14 K Qu'est-ce qu'il faut faire?

La porte est ouverte. –	Il faut la fermer.
Ils ont des bons desserts. –	Il faut en prendre.
En août, il y a trop de monde sur la Côte. –	Il ne faut pas y aller en août.

a. Je ne trouve pas mes clés. – b. Le Louvre est intéressant. – c. Le café coûte moins cher au supermarché. – d. Je n'ai plus de boissons à la maison. – e. On n'achète pas de carnet dans l'autobus. – f. Notre voiture coûte trop cher. –

14 L faire

– *Quand je fais ça, ça fait mal?*

Je	**fais** mes courses.
Tu	**fais** la vaisselle?
	Fais vite.
Ça	**fait** mal.
Nous	**faisons** du ski. [nufəzõ]
	Faisons nos comptes.
Qu'est-ce que vous	**faites** ici?
	Faites comme chez vous.
Ils	**font** du bruit.
Qu'**avez-vous**	**fait?**

14 M

Est-ce que vous faites du ski? –	J'en fais souvent (quelquefois).
	Je n'aime pas faire du ski.
Est-ce que vous faites la cuisine? –	Je ne la fais jamais. etc.

a. Combien de kilomètres à l'heure fait votre voiture? – b. Vous faites la vaisselle à la maison? – c. Est-ce que votre ami (mari) fait les courses? – d. Est-ce que vous faites des fautes en français? – e. Est-ce que je fais des fautes? – f. Faites-vous des compliments à votre amie (à votre femme)? – g. Est-ce que les hommes d'aujourd'hui font trop de compliments? – h. Est-ce que nous faisons trop d'exercices? –

14 N qui, que (Relativpronomen)

J'achète chez des petits commerçants

qui me connaissent et	*die* mich kennen (*Wer* kennt mich?)
que je connais.	*die* ich kenne (*Wen* kenne ich?) que vor Vokal >**qu'**.

14 O **Setzen Sie qui oder que ein.**

a. C'est le porte-monnaie . . . je cherche depuis trois jours. – b. Ce ne sont pas les gens . . . travaillent beaucoup . . . gagnent le plus. – c. Je ne sais pas la somme . . . vous avez sur vous. – d. Il y a des gens . . . achètent toujours à crédit. – e. Je préfère acheter chez les petits commerçants . . . je connais. – f. C'est l'autobus . . . il faut prendre. – g. Je préfère les gens . . . aiment parler. – h. Je voudrais le manteau . . . vous avez en vitrine.

– Ainsi donc, c'est vous «la vieille» Madame Blanchard qui fait la classe à mon fils?

14 P **Qu'est-ce que vous dites dans cette situation?**

a. Un automobiliste vous demande: «C'est la route de Dijon?» – b. Vous avez acheté quelque chose et vous constatez que vous n'avez pas d'argent sur vous. – c. Vous avez des amis chez vous. – d. Vous n'avez pas de monnaie pour le parcmètre. – e. On frappe à la porte. – f. Vous rencontrez votre ami dans la rue.

Choisissez parmi les réponses:
Pardon, Monsieur, vous avez la monnaie de 10 F? – Je ne sais pas, je ne suis pas d'ici. – Entrez. – Bonjour . . ., ça va? – Faites comme chez vous. – Mon Dieu, j'ai oublié mon porte-monnaie. –

14 Q **Mettez les réponses dans le bon ordre.**

Vous pensez que Mme Bernard cherche un travail pour les vacances? –	Elle ne le mérite pas.
Elle a gagné un prix. –	Je n'ose pas.
Frappez à la porte. –	Deux heures à peu près.
Il est resté longtemps? –	Je ne sais pas, je ne la connais pas.

14 R

Sagen Sie, daß Sie nicht gerne auf Kredit kaufen.
Fragen Sie den Geschäftsinhaber, ob er 100 F wechseln kann.
Fragen Sie den Kellner, ob das Trinkgeld inbegriffen ist.
Fragen Sie, wieviel Trinkgeld man einem Taxifahrer geben muß.

Un dimanche matin à Aubagne (Provence).

Une boucherie à Paris.

Une boulangerie-pâtisserie à Rouen.

15

15 A **Le dimanche en France**

«L'autre dimanche, raconte Mme Perret, on a eu un couple d'amis à déjeuner. Le déjeuner a traîné jusqu'au milieu de l'après-midi. Comme d'habitude, mon mari a dit: ‹Vous n'allez pas partir comme ça . . . On va finir les restes . . .› J'ai pensé tout de suite: ‹Ça y est. On est bons jusqu'à minuit.› Ça n'a pas raté.»

Pour beaucoup de Françaises, le dimanche n'est pas un jour de repos. On a un meilleur repas à préparer. Et, souvent, la famille ou des amis à déjeuner. Pourtant la table ne joue plus le même rôle qu'autrefois:

«Je livre de moins en moins de viande le dimanche matin, constate un boucher parisien. Les jeunes ne cuisinent plus.»

Les petits commerçants tiennent leurs magasins ouverts le dimanche matin, mais ils ont beaucoup de problèmes:

«Je vous assure, c'est pas la peine de rester ouvert, nous dit un épicier de Rouen. Beaucoup de clients m'ont quitté pour faire leurs courses au supermarché. Dans la rue, ils ne me disent plus bonjour. Mais ils reviennent le dimanche acheter un pot de moutarde ou un litre de lait.»

15 B
Loisirs du dimanche

La pêche

Quand les pêcheurs n'ont plus de vers le dimanche, il reste le distributeur automatique.

La pétanque

La pétanque est un jeu de boules provençal. En principe, il y a deux activités:

1. Pointer
Il faut lancer sa boule aussi près que possible de la petite boule en bois qu'on appelle le «bouchon», le «cochonnet» ou le «petit».

2. Tirer
On essaie de chasser, avec sa propre boule, une autre boule qui est près du «cochonnet».

Le tir aux pigeons

Le «pigeon» n'est qu'un disque catapulté en l'air. Sur la photo, un homme vient de tirer, mais il a raté le «pigeon».

15 C **Avez-vous compris?**

a. Le déjeuner chez les Perret a duré jusqu'à quelle heure?
b. Pour beaucoup de Françaises le dimanche n'est pas un jour de repos. Pourquoi?
c. Qu'est-ce que le boucher parisien dit des jeunes gens?
d. Quels sont les problèmes des petits commerçants?
e. Qu'est-ce qu'un «cochonnet» à la pétanque?

15 D **Conversation en classe**

1. Quels sont pour vous les meilleurs jours de la semaine?

2. Quel est pour vous le plus mauvais jour de la semaine?

3. Pourquoi est-ce que le dimanche soir est plus triste que le samedi soir? A quoi pensez-vous le dimanche soir?

4. Quels sont pour vous les bons et les mauvais moments de la journée?
   a. Le petit déjeuner? – b. Le transport pour aller au travail? – c. Le travail? – d. Le moment du repas de midi? – e. La pause après le repas de midi? – f. Le travail de l'après-midi? – g. Quand vous rentrez? – h. Le repas du soir? – i. Le soir après le dîner? – k. Le moment du coucher?

5. Est-ce que le dimanche vous portez des vêtements plus élégants?

6. Qu'est-ce que vous préférez le dimanche, faire une excursion ou rester à la maison?

7. Est-ce que le déjeuner du dimanche dure longtemps chez vous?

8. Est-ce que vous préparez un meilleur repas le dimanche?
   . . . ou est-ce que vous finissez les restes?
   . . . ou est-ce que vous allez manger au restaurant?
   . . . ou est-ce que vous ne mangez que des sandwiches?

9. Qu'est-ce que vous faites quand vous n'avez plus de pain le dimanche?

10. Qu'est-ce que vous faites le dimanche? – D'habitude, je reste à la maison.
    . . . pendant les vacances? – . . . le week-end? –
    . . . le soir? – . . . quand vous êtes seul(e)? –

(aller en ville; aller danser; faire des courses; tricoter; faire une excursion; regarder la télé; faire la cuisine; jouer aux cartes; ranger l'appartement; aller à la campagne, à la montagne; faire du ski; aller à l'étranger, en France; téléphoner à des amis; prendre un bain; bricoler, etc.)

15 E **me, te, nous, vous**

	wen?		*wem?*
Beaucoup de clients	**m**'ont quitté.	Ils ne	**me** disent plus bonjour.
Viele Kunden haben	*mich* verlassen.	Sie sagen	*mir* nicht mehr guten Tag.
Ils	**te** regardent,	mais ils ne	**te** disent pas bonjour.
Sie schauen	*dich* an,	aber sie sagen	*dir* nicht guten Tag.
«Beaucoup de clients	**nous** quittent»,		**nous** dit un épicier.
«Viele Kunden verlassen	*uns*»,	sagt	*uns* ein Gemischtwarenhändler.
Cela	**vous** intéresse?	Je	**vous** assure que . . .
Interessiert	*Sie* das? *(Euch)*	Ich versichere	*Ihnen,* daß . . . *(Euch)*

Bitte vergleichen Sie: **Me, te** und **vous** haben im Deutschen unterschiedliche Entsprechungen. Me, te, nous, vous stehen **vor** dem **Verb,** bzw. **vor** dem **Infinitiv** (vgl. 14 D). **Me** und **te** werden vor Vokal zu **m'** und **t'**.

15 F **Sie wollen etwas genauer wissen.**

Fragen Sie mit *qui? qu'est-ce que?* oder *pourquoi?*

On m'a dit que vous faites bien la cuisine. – Qui vous a dit ça?

a. André m'a dit quelque chose. – b. On vous a cherché partout. – c. Elle me déteste. – d. Ils m'ont vendu quelque chose. – e. On t'attend. – f. Il m'a tout raconté. – g. Il m'a répondu. – h. Il veut te parler. – i. Il veut vous dire quelque chose. – k. Je t'ai acheté quelque chose. – l. Je te quitte. – m. Il me plaît. –

– *On va manger un œuf à la coque.*

15 G Das «futur proche»

On **va finir** les restes.
Il **va revenir** dans deux ans.
Vous n'**allez** pas **partir** comme ça.

Das «futur proche» besteht aus einer Form von **aller + dem Infinitiv eines Verbs.** Es bezeichnet die unmittelbare Zukunft oder eine Absicht. Im gesprochenen Französisch verwendet man es oft auch für Ereignisse der fernen Zukunft.

Mögliche Doppelbedeutungen:
Je vais danser. Ich *gehe* tanzen.
Ich *werde* tanzen.

15 H Qu'est-ce que vous allez faire dimanche prochain?

(faire une excursion? aller au cinéma? partir avec des amis? rester à la maison? rester au lit? préparer un bon repas? regarder la télé? jouer aux cartes?)

15 I Versuchen Sie, jemanden von seinem Vorhaben abzubringen:

Votre ami(e) veut partir. – Tu ne vas pas partir comme ça.

a. Elle veut vous quitter. – b. Il veut acheter une vieille voiture. – c. Il veut travailler le dimanche. – d. Elle veut mettre une robe extravagante. – e. Il veut payer pour tous. – f. Il veut boire le vin à la bouteille. –

15 K venir, tenir, dire – kommen, halten, sagen

Je	**viens.**	Je	**tiens**	ce que je	**dis.**
Tu	**viens.**	Tu	**tiens**	ce que tu	**dis.**
Il (Elle)	**vient.**	Il (elle)	**tient**	ce qu' il (elle)	**dit.**
Nous	**venons.**	Nous	**tenons**	ce que nous	**disons.**
Vous	**venez.**	Vous	**tenez**	ce que vous	**dites.**
Ils (Elles)	**viennent.**	Ils (Elles)	**tiennent**	ce qu' ils (elles)	**disent.**
Ils sont	**venus.**	Ils ont	**tenu**	ce qu' ils ont	**dit.**

Beachten Sie: Das passé composé von **venir** wird mit **être** gebildet, vgl. 13 F/2.

15 L venir de faire (passé récent)

Il **vient de tirer** sur le «pigeon»,
Er hat *soeben* auf die «Taube» geschossen.
Elle **vient d'acheter** une voiture.
Sie hat *soeben* ein Auto gekauft.

Venir de + Infinitiv drückt die unmittelbare Vergangenheit aus.

15 M Une bonne affaire

Regardez les images et répondez.

①

Qu'est-ce que Mme Perret vient d'acheter?
C'est une voiture neuve ou une voiture d'occasion?
Est-ce qu'elle a payé par chèque?
Où est M. Perret?
Pourquoi est-ce que Mme Perret est heureuse? Qu'est-ce qu'elle pense?
Qu'est-ce que le vendeur tient dans la main?

②

Qui vient de partir en auto?
Qui est au volant?
Qu'est-ce qu'elle dit à son mari?

③

Pourquoi est-ce qu'ils font la fête?
Qu'est-ce qu'il y a dans les bouteilles?
Maintenant racontez l'histoire.
Commencez comme cela:
Mme Perret vient d'acheter . . .

15 N **Verkürzte Formen der Umgangssprache**

Pourquoi **tu fais ça? – Tu vas** où? – **C'est pas** la peine.

Die Frage wird mit der Aussageform (ohne est-ce que) gebildet. In der Verneinung entfällt ne.

15 O **Setzen Sie Formen von venir, tenir oder dire ein.**

a. On vous appelle. Je ..... tout de suite. – b. Vous avez fait la chambre? Je ..... de la faire. – c. Où sont mes clés? Vous les ..... à la main. – d. J'ai raté le train. C'est pourquoi je ne suis pas ...... – e. Je n'ai pas compris. Qu'est-ce que vous avez .....? – f. Elle a quitté son mari. Qu'est-ce que vous en .....? – g. Il travaille le dimanche. Il ..... une boulangerie. –

15 P **Ça y est, – c'est ça, – ça va, – comme d'habitude.**

Setzen Sie den passenden Ausdruck ein:

a. Les transports publics sont en grève. – ....., il faut aller à pied.
b. Vous habitez place de Bordeaux, n'est-ce pas? – Oui, ...
c. Tous les hôtels sont complets. – ....., il faut coucher dans la voiture.
d. Un menu pour 30 F. ......
e. Qu'est-ce que vous avez fait dimanche soir? – On a regardé la télé, ...
f. Vous avez encore besoin de quelque chose? – Merci, ...
g. C'est déjà le centre ville? – Oui, ...

– Ça y est ... je suis maire.

15 Q

Fragen Sie den Fleischer, ob er am Sonntag offen hat.
Fragen Sie ihn, ob er nie einen Ruhetag hat.
Fragen Sie ihn, wann er am Sonntag nach Hause kommt.
Fragen Sie ihn, ob sich das lohnt.
Sagen Sie, daß Sie am Sonntag wiederkommen werden.

16A

16

Un crime étrange chez les drogués

C'est avec deux balles qu' Agnès Béothy a tué son amant, Jean-Louis Guigues, dit Yan.

Agnès est née le 5 octobre 1952 à Paris dans une famille bourgeoise. A 20 ans, elle découvre la drogue: le «H» d'abord, puis le L.S.D. Elle ne finit pas ses études de psychologie. Sa seule vraie passion à l'époque, c'est la moto.

C'est dans le milieu des drogués qu'elle rencontre Yan. A Saint-Germain-des-Prés, il tâte un peu de la guitare. Il est beau, rien que beau. Les deux amants décident de vivre ensemble. Ils ont une passion commune: la moto. Elle leur apporte la vie dangereuse qu'ils souhaitent. Un jour, ils en volent une. Les choses tournent mal. Agnès prend tout sur elle et va en prison.

Quelques mois après, toujours ensemble, un nouveau vol de moto. Ils ont un accident. Yan file. Agnès va en prison, encore une fois. A sa sortie, il lui offre un superbe manteau de cuir. Mais elle ne lui pardonne pas. Il est dégoûtant! Elle a aimé un raté. Elle le tue.

Elle l'a tué parce qu'il l'a trompée. Trompée non pas avec une autre, mais sur sa personne même. Et c'est peut-être plus grave.

– Tu lui donnes beaucoup trop à manger à ce chien, chérie!

16 G **Sie erhalten eine ungenaue Information und fragen zurück.**

Stellen Sie Fragen mit *combien ...?* oder *qu'est-ce que ...?*

> J'ai donné à manger à Corinne. – Qu'est-ce que vous lui avez donné?

a. Il faut offrir quelque chose à Philippe. – b. Je vais dire ça à mes collègues. – c. J'ai donné un pourboire au chauffeur. – d. J'ai tout raconté au patron. – e. J'ai donné un peu d'argent aux enfants. – f. Elle n'a pas pardonné ça à Yan. –

16 H **offrir (ebenso: ouvrir, découvrir) – anbieten (öffnen, entdecken)**

Die Formen des Präsens entsprechen denen der Verben auf -er (Typ donner).

	Je	vous	offr**e**	l'apéritif.	
Qu'est-ce que	tu	nous	offr**es**?		Offr**e** ta place.
	Il	lui	offr**e**	l'apéritif.	
	Nous	vous	offr**ons**	mille francs.	
Qu'est-ce que	vous	leur	offr**ez**?		Offr**ez** à boire.
	Ils		offr**ent**	un menu à 20 F.	

Aber im passé composé: Il a **offert, ouvert, découvert**.

16 I **Stellen Sie Fragen mit ouvrir, offrir.**

a. Demandez au boulanger quand il ouvre le matin. – b. Demandez s'il reste ouvert le matin. – c. Demandez à votre amie ce qu'elle vous offre. – d. Demandez si elle vous offre un apéritif. – e. Demandez à la banque à quelle heure ils ouvrent l'après-midi. – f. Demandez à votre ami pourquoi il n'ouvre pas la porte. –

16 K **Die Veränderlichkeit des Partizips Perfekt beim passé composé mit avoir**

	wen? was?	
Yan a trompé	**Agnès**.	Das Partizip Perfekt richtet sich nach dem **vorausgehenden Objekt**, wenn man mit *wen* oder *was?* danach fragen kann.
Il	**l'**a trompée.	
Elle n'a pas fini	**ses études**.	
Elle ne	**les** a pas finies.	

Die Veränderung ist nur bei wenigen Verben im Partizip Perfekt hörbar:
z. B.: faite(s) [fɛt], mise(s) [miz], prise(s) [priz], offerte(s) [ɔfɛrt]

16 L **Weisen Sie diese Unterstellungen zurück:** ∞

> Vous n'avez pas fermé la porte de votre appartement.
> – Si, je l'ai fermée.

a. Vous n'avez pas rangé votre chambre ce matin. – b. Vous n'avez pas ouvert les fenêtres. – c. Vous n'avez pas payé l'addition. – d. Vous n'avez pas commandé les boissons. – e. Vous n'avez pas regardé les prix? – f. Vous n'avez pas fini votre travail? – g. Vous n'avez pas noté vos dépenses? –

– Si, je l'ai faite, la vaisselle! L'année dernière quand tu as eu la grippe!

16 M **Drücken Sie Bewunderung oder Mißfallen aus.**

a. Vous admirez le manteau de votre amie. Il est ...., votre manteau. –
b. La maison ne vous plaît pas. Elle ...., cette maison. –
c. Vous admirez la voiture de votre ami. Elle me ...., ...
d. Vous n'aimez pas un parfum. ...., ...
e. Vous trouvez le vin bon. ...., ...
f. Vous trouvez cet homme dégoûtant. ...., ...

16 N **Reagieren Sie mit dem richtigen Ausdruck.**

Welche der nachstehenden Wendungen paßt für die jeweilige Situation?
C(e n)'est pas grave. – C'est rien. – De rien. – C'est vrai. – Pardon. – C(e n)'est pas vrai!

a. . . . ., Madame, vous avez l'heure?
b. Merci, Madame (Monsieur). – . . . .
c. Oh, ..., je vous ai fait mal? – Non, ...
d. . . . ., Monsieur, je n'ai pas compris.
e. On mange trop, aujourd'hui. – Oui, ...
f. Christian a gagné un million au loto. – . . . .
g. Je n'ai pas d'argent sur moi. – . . . . Vous pouvez payer la prochaine fois.

16 O **Souhaitez bon voyage, bonne route, bonne chance.**

a. Vos amis partent en vacances par le train. – b. Ils partent en voiture. – c. Votre ami va passer un examen. – d. Il va jouer dans un match de football. – e. Il fait du ski pour la première fois. –

16 P **Mettez les réponses dans le bon ordre.**

Qu'est-ce que Philippe a apporté? –	Encore une fois?
Vous achetez des motos à vos enfants? –	Non, les choses ont mal tourné.
Elle a eu un accident. –	Rien.
Vous avez réussi? –	Il faut vivre avec son époque.

16 Q

Sagen Sie, daß Sie einen Unfall gehabt haben, daß es aber nicht schlimm ist.
Sagen Sie, daß Sie die Polizei gerufen haben.
Sagen Sie, daß man einen Alkoholtest gemacht hat.
Sagen Sie, daß Ihr Auto in der Werkstatt ist.

16 R **L'accident** ⚭

①

Combien de voitures y a-t-il?
Est-ce un accident grave?
Est-ce que le feu est au rouge?
Qui, à votre avis, est allé trop vite, le conducteur numéro 1 ou le conducteur numéro 3?
Qui vient de descendre?
A qui vont-ils donner leur avis?

②

Qui descend de la dernière voiture?
Est-ce que les autres lui disent quelque chose?
Pourquoi n'osent-ils pas?

③

Qui a complètement changé d'avis?
De qui a-t-il peur?
C'est la faute de qui maintenant?

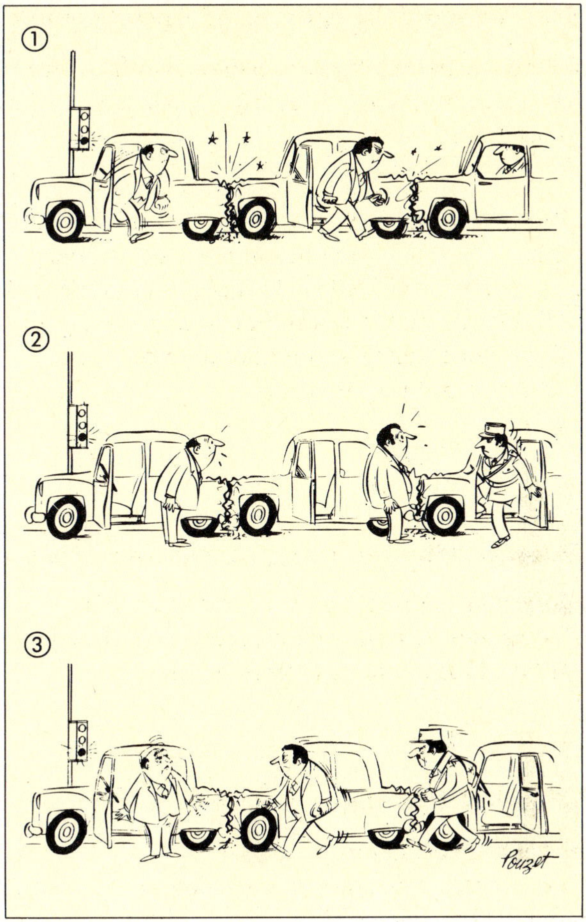

17 A **17**

LES ENQUÊTES DE M.LOUPE
J'ai rendez-vous ici avec un jeune employé de banque, d'assez modeste condition !...
IL veut me parler d'argent paraît-il ! J'espère qu'il ne va pas m'en parler trop longtemps, j'ai un film à voir à la télé !
Ah! le voilà!
Bonjour! Je gare ma voiture et j'arrive!
Alors ! des problèmes?
Pas encore, mais c'est mon patron qui va bientôt en avoir !
Voilà : Je soupconne le comptable de la banque d'avoir fait d'importants détournements d'argent !
J'en ai parlé à mon patron, qui m'a demandé de le faire arrêter discrètement !
Pof!
Eh bien, voyez-vous, je pense que le comptable est innocent !
Mais alors QUI?

17 B Qui est le coupable?

1. Qui fait l'enquête?
2. Quel est le métier de M. Loupe?
3. Où est-ce que M. Loupe a rendez-vous avec le jeune homme?
4. Où travaille le jeune homme qui a rendez-vous avec M. Loupe?
5. Est-ce qu'un jeune employé gagne beaucoup d'argent?
6. Regardez la voiture de l'employé. Ça coûte combien, une voiture comme ça?
7. Où a-t-il pris l'argent pour cette voiture, à votre avis?
8. Alors, qui a fait les détournements d'argent?

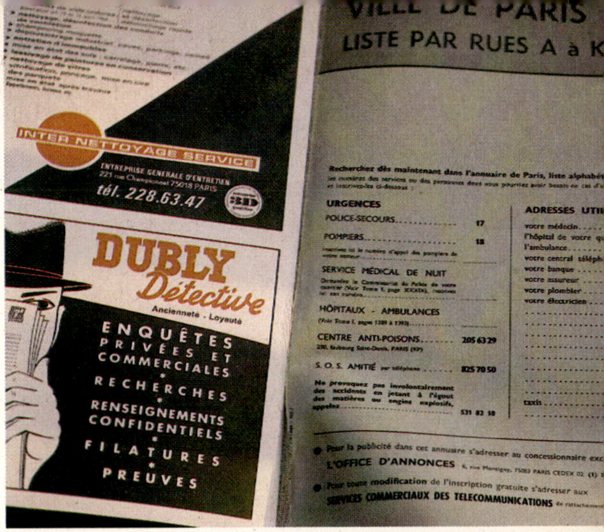

17 C Conversation en classe

1. M. Loupe a rendez-vous avec son client dans un café. Où avez-vous rendez-vous avec vos amis?
2. Où est-ce que les jeunes gens se donnent rendez-vous?
3. M. Loupe a un film à voir à la télé. Qu'est-ce que vous avez à faire le soir (après le travail)?
   (des affaires à ranger, des courses à faire, un repas à préparer, la vaisselle à faire, quelque chose à réparer, une leçon à apprendre, des lettres à écrire, des amis à voir, beaucoup (rien) à faire)
4. Regardez l'annuaire de Paris.
   Quel numéro faut-il faire si vous êtes en danger ou s'il y a le feu?

5. Pourquoi y a-t-il des gens qui achètent des voitures de sport?
6. Pourquoi allez-vous à la banque quand vous êtes à l'étranger?

– Demande à maman!

17 D **demander**

1. fragen, bitten

Beachten Sie den Unterschied zum Deutschen.

Demandez **à** votre ami.
Fragen sie *Ihren* Freund!

Demandez **au** boulanger.
Fragen Sie *den* Bäcker!

Le patron **lui** a demandé de faire arrêter le comptable.
Der Chef hat *ihn* gebeten, den Buchhalter festnehmen zu lassen.

Il a demandé de l'argent **au** patron.
Er hat *den* Chef um Geld gebeten.

2. verlangen, nach jemandem fragen

Il demande **le** patron.
Er verlangt *den* Chef. (Er fragt nach dem Chef.)

M. Loupe **le (la)** demande au téléphone.
Herr Loupe verlangt *ihn (sie)* am Telefon.

Il demande 5.000 F.
Er verlangt 5.000 F.

17 E **Il faut demander . . .**

au facteur, à l'agent, au garagiste, à une cliente, au garçon, à un passant, au vendeur.

Le facteur connaît toutes les adresses. Si vous ne trouvez pas une adresse, demandez au facteur.

a. Est-ce que c'est la bonne route? – Il faut demander . . . .
b. Je ne trouve pas la place Gambetta. – . . . .
c. Quel est le prix du manteau? – . . . .
d. Est-ce que cette table est réservée? – . . . .
e. Est-ce que c'est un bon coiffeur? – . . . .
f. Je ne sais pas si c'est un bon restaurant. – . . . .

17 F **Erzählen Sie die folgende Bildgeschichte.**

Qui habite dans cette maison?
Est-ce que cette maison est neuve?
Qui ouvre la porte?
Qu'est-ce que le facteur apporte?
Qu'est-ce qu'il y a dans la lettre?
Est-ce que M. Dupont est triste?
Où va-t-il encaisser le chèque?
Que dit l'employé de banque?
Pourquoi est-il désolé?
Pourquoi est-ce que M. Pierre Dupont ne peut pas encaisser ce chèque?
Le chèque est au nom de . . . . . .

17 G **Drücken Sie Ihre Freude, Ihr Bedauern aus.**

C'est gentil. – C'est chic. – Je suis désolé(e). –

Qu'est-ce que vous dites dans cette situation?

a. Votre ami vous apporte des belles fleurs. – b. Vous n'avez rien à offrir à vos amis. – c. Vous arrivez trop tard parce que vous avez raté le train ou parce que vous avez eu une panne. – d. Vous n'avez pas assez d'argent sur vous. – e. Vous allez avoir trois jours de congé. – f. Votre ami vous offre un bon parfum. – g. Vous avez gagné à la loterie. –

17H Le voilà!

J'attends **un(e) ami(e)**. –	Ah, **le (la)** voilà!	Hier ist *er (sie)*.
Ils n'arrivent pas, **nos amis**. –	Ah, **les** voilà!	Hier sind *sie*.
	Nous voilà!	Hier sind *wir*.
	Vous voilà!	Da seid *Ihr* ja.
	Me voilà!	Da bin *ich*.
	Te voilà!	Da bist *Du* ja.

17I Le (La, Les) voilà, Monsieur!

z. B.: M. Loupe cherche son carnet. Vous le retrouvez: **Le voilà, Monsieur!**

a. Où sont mes clés? – b. Je ne trouve pas mes gants. – c. Ma voiture n'est plus là. – d. Vous avez trouvé mon porte-monnaie? – e. Où est mon stylo? –

17K faire faire, laisser faire

Il le **fait**	**arrêter**.	Er läßt ihn festnehmen.	(= veranlassen)
Je le **laisse**	**passer**.	Ich lasse ihn vorbeifahren.	(= zulassen)

Beachten Sie: Das Personalpronomen (le, la, les, nous, vous, usw.) als Objekt steht vor faire (laisser) + Infinitiv.

17L faire ou laisser?

a. Je vous ai . . . . . attendre. Je suis désolé(e). –
b. Je ne suis pas pressé(e). Je le . . . . . passer. –
c. Je ne réponds pas à sa lettre. Je le . . . . . attendre. –
d. Le beau temps me . . . . . penser aux vacances. –
e. Tu me . . . . . essayer ta moto? – f. Il faut . . . . .réparer la télé. – g. Tu me . . . . . jouer sur ta guitare? –

la PUBLICITÉ fait marcher les affaires

17M Mettez les réponses dans le bon ordre.

Est-ce que le facteur est déjà passé? –	Rien.
Avec qui avez-vous rendez-vous? –	Si, la voilà.
Vous n'avez pas emporté votre guitare? –	Avec mon patron.
Qu'est-ce que M. Loupe a trouvé? –	Non, le voilà.

17 N **préférer – vorziehen, espérer – hoffen**

Bei diesen Verben muß man ähnlich wie bei appeler und jeter (8N) zwischen stammbetonten und endungsbetonten Formen unterscheiden.

je préf**è**re	j'esp**è**re	[ɛ]
tu préf**è**res	tu esp**è**res	[ɛ]
il préf**è**re	il esp**è**re	[ɛ]
nous préférons	nous espérons	[e]
vous préférez	vous espérez	[e]
ils préf**è**rent	ils esp**è**rent	[ɛ]
j'ai préféré	j'ai espéré	[e]

– *J'espère que tu n'as rien oublié dans le train?*

Die stammbetonten Formen des Präsens (je, tu, il, ils) haben in der 2. Stammsilbe **è** [ɛ].

17 O **Qu'est-ce que vous espérez?**

Vous allez avoir des amis pour dîner:	J'espère qu'ils ne vont pas rester trop longtemps.

a. Votre femme fait des courses. – b. Un client veut vous parler. – c. Votre mari va acheter une voiture. – d. Vous attendez un ami. – e. Votre ami cherche du travail. – f. Il a passé un examen. –

17 P **vouloir – wollen**

Je ne **veux** pas.	Je **voudrais** le voir. (vgl. 13 L)
Qu'est-ce que tu **veux**?	Ich *möchte* ihn sehen.
Il (elle) **veut** me parler.	
Nous **voulons** rester ici.	
Comme vous **voulez**.	
Ils (elles) **veulent** visiter Paris.	
Tu l'as **voulu**.	Il n'a pas **voulu venir**.
Du hast es so *gewollt*.	Er hat nicht *kommen wollen*.

18 A **La télévision**

Nos lecteurs ont la parole

J'écoute, comme beaucoup de Français, le «journal» de 13 h sur T.F.1. Je constate que pendant les 3/4 de cette émission, on n'y parle que de politique. A la longue, cą devient fatigant. Personne ne s'intéresse à tous ces blabla.

M. Robert Dupuy, Paris (16e)

La télévision à table

Une famille sur deux regarde la télévision à table. Ces familles se privent du moment le plus riche de la journée, c'est le moment où parents et enfants se retrouvent autour du repas et peuvent parler tous ensemble.

La soirée, c'est la télévision

Les Français sont de gros consommateurs de télévision. A 19 h, tout s'éclaire, chacun est à sa place. Il y a «mon fauteuil», «son fauteuil» et le canapé des enfants. Beaucoup d'enfants se couchent tard parce qu'ils restent assis devant le petit écran.

... Ça les énerve et ils dorment mal

M. René Rey s'installe dans son fauteuil de skaï:

«Il n'y a que Sheila et les matches de football que je supporte jusqu'au bout. Comme je me lève tôt, je suis fatigué et le soir je m'endors une demi-heure après le début d'un film.»

M. Bertrand, petit industriel, s'enthousiasme pour les émissions de Guy Lux:

«Ses émissions, c'est toujours la kermesse. C'est un grand amuseur, ce Guy Lux et il est fort. Même si des grévistes se promènent avec leurs pancartes devant les caméras, en deux mots et trois sourires, il remet tout le monde à sa place.»

Sheila est présente dans tous les «hit-parade» d'Europe

20.35	Un taxi dans Londres

Préparé par Guy Lux.

— Petula CLARK
— Les RUBETTES
— SAINT PREUX
— David ESSEX
— DALIDA
— Sacha DISTEL
— Jean-Pierre CASTEL
— Serge LAMA
— Groupe ABBA
— Demis ROUSSOS
— Pierre PERRET

LE PRINCE ET LA PRINCESSE DE MONACO N'ONT PAS MANIFESTE LEUR ENTHOUSIASME AUX ARTISTES PRESENTES PAR GUY LUX.

18 B **Avez-vous compris?**

1. Est-ce que M. Dupuy s'intéresse à la politique?
2. Combien de familles françaises regardent la télévision à table?
3. Qu'est-ce qu'on ne fait plus, quand on regarde la télé à table?
4. Pourquoi est-ce que beaucoup d'enfants se couchent tard?
5. Quelle émission préfère M. Rey?
6. Pour quelles émissions s'enthousiasme M. Bertrand?

18 C **Conversation en classe**

1. Quelles ont été les tendances des téléspectateurs français, le 19 octobre 1977?
2. «L'inspecteur mène l'enquête»: Est-ce un grand film ou un film policier?

20 TF 1 ACTUALITES.

20 30 JEU POLICIER: L'INSPECTEUR MENE L'ENQUETE, de Marc Pavaux et Luc Godevais.

75% des Français ont regardé la télévision le 19 octobre 1977.

tf1	34 %	ont regardé « L'inspecteur mène l'enquête »
A2	36 %	ont regardé Football : Nantes-Atletico de Madrid
FR3	30 %	ont regardé « Madame X... »

3. Que regardez-vous à la télé?
(Les actualités, les films policiers, les grands films, les westerns, les matches de football, les opéras, la danse moderne, la musique classique ou le jazz)

4. A quelle heure du soir est-ce que vous allumez la télé?

FR3

«La chauve-souris»

15.00	Les rues de San Francisco
15.5	Daktari
18.45	Emissions pour les jeunes

19.5	La télévision régionale
19.20	Actualités régionales
19.40	Samedi entre nous

Une émission des Stations Régionales FR 3 de : Bordeaux, Limoges, Toulouse, Rennes, Lille, Marseille, Lyon, Dijon, Strasbourg, Nancy, Paris.

19.55	F.R. 3 Actualités
20.00	Les animaux chez eux
20.30	La chauve-souris

Opéra de Johann Strauss, par l'orchestre philharmonique de Vienne, sous la direction de Karl Boehm.

22.20	F.R. 3 Actualités

5. Quelles sont les émissions que vous trouvez aussi à la télévision allemande?

6. Qu'est-ce que vous préférez le soir, chez vous: la télé, la musique, la lecture, le bricolage, parler ensemble ou dormir devant la télé?

7. Répondez à la lettre de M. Dupuy:

a. Est-ce que vous êtes de son avis?
b. Est-ce que vous vous intéressez à la politique?
c. Quelles émissions préférez-vous à midi?

8. Quels sont les problèmes avec les enfants quand on a la télévision?

– *Ça te plaît, chéri?*

18 D **Die reflexiven Verben im Präsens**

se débrouiller	sich zu helfen wissen
se déranger	sich stören lassen
s' éclairer	sich erhellen
s' enthousiasmer	sich begeistern
s' excuser	sich entschuldigen
s' installer	sich einrichten
s' intéresser	sich interessieren
se lever	sich erheben, aufstehen
se priver	sich um etwas bringen
se retrouver	sich wieder (ein)finden
se réunir	sich treffen, versammeln

Im Deutschen nicht reflexiv:

se coucher	zu Bett gehen
s' endormir	einschlafen
se promener	spazierengehen

– *Ne te dérange pas, chéri, je me débrouille . . .*

je **me** promène	je ne **m'** intéresse pas
tu **te** promènes	tu **t'** intéresses
il **se** promène	il **s'** intéresse
nous **nous** promenons	nous **nous** intéressons
vous **vous** promenez	vous **vous** intéressez
ils **se** promènent	ils **s'** intéressent

Me, te, se, werden vor Vokal zu **m'**, **t'**, **s'**.
Imperativ: Lève-**toi**. Levez-**vous**. Levons-**nous**. Ne vous dérangez pas.
Beim bejahten Imperativ stehen **nous, vous** und **toi** (anstelle von te) **nach**.

18 E **Beachten Sie:**

se promener	je me	prom**è**ne	Diese Verben haben in den
mener	tu	m**è**nes	stammbetonten Formen
se lever	il se	l**è**ve	(je, tu, il, ils) **è** [ɛ].
acheter	ils	ach**è**tent	Vgl. 17 N und 18 D

18 F **Führen Sie die folgenden Sätze zu Ende und verwenden Sie die Verben:**

se débrouiller, se lever, se coucher, se déranger, s'installer, s'intéresser à.

a. Je ne parle pas très bien le français, mais en France . . . . . . –
b. Les jeunes n'ont pas beaucoup d'argent. Mais ils font des voyages et . . . . . . –
c. Je suis fatigué(e) le soir. C'est parce que . . . . . . –
d. Les enfants sont fatigués le matin. C'est parce qu'ils . . . . . . –
e. Vous êtes chez des amis. On veut vous offrir quelque chose. Vous dites: . . . . . . Je ne reste pas longtemps. –
f. Suzanne n'écoute jamais les actualités. Elle ne . . . . . . –

– *Je peux lâcher le frein?*

18 G **pouvoir – können**

Je		**peux**	lâcher le frein?
Tu		**peux**	supporter ça?
Il	ne	**peut**	pas nous aider.
Nous	ne	**pouvons**	plus respirer.
Vous		**pouvez**	téléphoner ici.
Ils	ne	**peuvent**	plus parler ensemble.

Passé composé: Je n'ai pas **pu** venir.

18 H

1. Bitten Sie um Erlaubnis.

a. Demandez si vous pouvez garer votre voiture dans la cour. –
b. Demandez si vous pouvez téléphoner. –
c. Demandez si vous pouvez entrer. –

2. Entschuldigen Sie sich.

a. Vous êtes désolé(e), vous ne pouvez pas venir lundi prochain. –
b. Vous êtes désolé(e), vous ne pouvez pas aider votre ami. –
c. Vous vous excusez. Vous n'avez pas pu venir dimanche dernier. –

3. Fragen Sie, ob das möglich ist.

a. Demandez au garagiste s'il peut réparer votre voiture. –
b. Demandez à l'épicier s'il peut livrer le vin. –
c. Demandez à vos amis s'ils peuvent venir. –

18 I personne – niemand, rien – nichts

1. personne ne, rien ne vor dem Verb:

Personne ne s'intéresse à tous ces blabla.	*Niemand* interessiert sich . . . . .
Rien ne l'intéresse.	*Nichts* interessiert ihn.

2. ne . . . personne, ne . . . rien umschließen das Verb wie ne . . . . . pas:

Il **ne** parle à **personne.**	Er spricht mit *niemandem.*
Il **ne** dit **rien.**	Er sagt *nichts.*

Im passé composé umschließt **ne . . . rien** das Hilfsverb,
ne . . . personne das Hilfsverb + Partizip Perfekt:

Je **n**'ai **rien** dit.	Ich habe *nichts* gesagt.
Je **n**'ai rencontré **personne**.	Ich habe *niemanden* getroffen.

18 K Trouvez le métier.

Voilà une émission de télévision connue en France et en Allemagne. Les candidats cherchent le métier de M. Lebrun (Il est ingénieur). Répondez à sa place.

a. Est-ce qu'il vend quelque chose à quelqu'un? –
   (Pas forcément. En général, il ne vend rien à personne.)
b. Est-ce qu'il répare quelque chose? –
c. Est-ce qu'il fait encore ses études? –
d. Est-ce qu'il apprend quelque chose à quelqu'un? –
e. Est-ce qu'il travaille de ses mains? –
f. Est-ce qu'il est employé? –
g. Est-ce qu'on lui donne un pourboire? –
h. Est-ce qu'il transporte quelqu'un? –
i. Est-ce qu'il transporte quelque chose? –
k. Est-ce qu'il interviewe quelqu'un? –
l. Est-ce qu'il porte toujours un uniforme? –
m. Est-ce qu'il travaille dans l'industrie? –
n. Est-il ingénieur? –

Maintenant faites un jeu en classe. Vous êtes *garçon d'hôtel, vendeur, maçon, représentant.*

18 L **dormir – schlafen, s'endormir – einschlafen, partir – abreisen**

dormir			**partir**		
Je **dors**	mal.	[dɔr]	Je **pars**.		[par]
Tu **dors**	bien.	[dɔr]	Tu **pars**?	–**Pars** si tu veux.	[par]
Il **dort**.		[dɔr]	Il **part**.		[par]
Nous **dormons**	mal.	[dɔrmõ]	Nous **partons**.		[partõ]
Vous **dormez**	bien?	[dɔrme]	Vous **partez**?	– Ne **partez** pas.	[parte]
Ils **dorment**.		[dɔrm]	Ils **partent**.		[part]
Vous **avez** bien **dormi**?			Elle **est** déjà **partie**. (Vgl. 13 F/2)		

18 M **Stellen Sie Fragen an andere Kursteilnehmer.**

1. Partir en vacances: *Quand? Seul(e)? Avec qui? Par quel moyen de transport?*
2. Dormir: *Bien ou mal? Combien d'heures la nuit? Le dimanche matin jusqu'à quelle heure?*
3. S'endormir: *A quelle heure du soir? Devant la télé? Dans le train?*

18 N **Mettez les réponses dans le bon ordre.**

C'est le début du film? –	Non, je suis trop fatigué(e).
Qu'est-ce que je peux vous offrir? –	Oui, beaucoup.
Tu te promènes avec moi?	Rien, ne vous dérangez pas.
Cela vous intéresse, les matches de football? –	Non, c'est la fin.

18 O

Fragen Sie Ihren Freund, ob er sich für Ihr altes Auto interessiert.
Fragen Sie, ob er nicht kommen kann.
Sagen Sie, daß Sie ihn nicht stören wollen.
Fragen Sie, wie er den Kriminalfilm am Montag abend im Fernsehen gefunden hat.
Sagen Sie, daß er Sie aufgeregt hat, und daß Sie nicht gut geschlafen haben.

19 A La mer interdite 19

Entre Cannes et Saint-Raphaël il n'y a que deux chemins qui donnent libre accès à la mer. Tous les autres chemins sont privés ou interdits.

Il ne reste que les plages municipales. Cannes en a deux. Mais la moitié en est réservée à une quinzaine de plagistes. Equipement: un snack et des cabines, puis des rangées de parasols. Théoriquement, pas d'entrée payante. Mais la pancarte «Vestiaire obligatoire, 2 F la demi-journée» change les choses. Cela va encore moins bien quand on lit: «Le paiement de la plage se fait à l'arrivée.»

Qu'est-ce qui reste à un touriste qui ne peut pas payer cinq francs minimum par jour? «Mais, nous a dit un commerçant de Cannes, les clients qui n'ont pas 10 F par jour à dépenser sur la plage ne nous intéressent pas.»

19 B Une querelle à la plage entre un plagiste et une dame

Plagiste: Non, non, Madame, allez vous installer ailleurs!

Dame: Ah bon! et pourquoi donc?

Plagiste: Parce que je le paye, moi, cet emplacement, pour pouvoir y louer mes matelas.

Dame: J'ai parfaitement le droit de rester là.

Plagiste: Non, Madame, vous gênez mes clients ici. Ils ont payé, eux! Vous croyez qu'ils vont supporter vos gosses tout l'après-midi? Allez! Sortez de là!

Dame: Mais vous me prenez pour qui? Il y a six mètres au bord de la mer qui sont accessibles à tout le monde et gratuitement.

Plagiste: Vous allez me ficher le camp tout de suite!
Un monsieur: Monsieur, ça suffit comme ça. Laissez cette dame tranquille. Elle a parfaitement raison.

19 C **Avez-vous compris?**

1. Quelles sont les plages ouvertes à tous?
2. Qu'est-ce que les plagistes louent à la plage?
3. Qu'est-ce qu'il faut payer pour le vestiaire?
4. Combien de mètres au bord de la mer sont accessibles à tout le monde?
5. Qui gêne les clients du plagiste?
6. Pourquoi est-ce que la dame a le droit de rester?

19 D **Conversation en classe**

1. Qui peut se payer une villa dans cette région?
2. Est-ce que vous êtes déjà allé(e) sur la Côte? Où êtes-vous allé(e)?
3. Est-ce que cela vous gêne à la plage: les chiens, les enfants, les bouteilles et les boîtes de conserves, les papiers qui traînent, les transistors, les jeunes qui jouent au football, la pollution de l'eau?

   Exemple:

   Les chiens ne me gênent pas. J'aime les chiens. Mais je ne peux pas supporter les transistors. (Ce sont les transistors qui me gênent le plus.)

4. Est-ce que vous préférez une plage déserte ou une plage où il y a beaucoup de monde?
5. Quand faut-il aller à la mer pour trouver des plages désertes?
6. Qu'est-ce que vous préférez, les plages libres ou les plages payantes? Pourquoi? Quelles sont les plages les moins dangereuses et les plus propres?
7. Qu'est-ce que vous préférez, bronzer ou louer un parasol?
8. Pourquoi est-ce que tout le monde veut bronzer?
   a. Est-ce qu'on est plus beau après?
   b. Est-ce que c'est bon pour la santé?
   c. Est-ce que c'est agréable de bronzer au soleil ou plutôt fatigant?
9. Qu'est-ce que vous dites ou demandez à quelqu'un qui revient bronzé des vacances?
   (qu'il a bronzé; s'il a été en vacances; où il est allé, au bord de la mer ou à la montagne; s'il a toujours eu du beau temps)
10. Six mètres au bord de la mer sont accessibles à tout le monde. Qu'en pensez-vous?

– Tu veux bronzer! Et tu m'as fait louer un parasol!

19 E **Das Adverb**

1. Das vom Adjektiv abgeleitete Adverb

	Adjektiv		Adverb
L'entrée est	**gratuite**.	On entre	**gratuitement**.
Der Eintritt ist	*gratis*.	Man kann	*gratis* hinein.
Il n'y a pas de crime	**parfait**.	Vous avez	**parfaitement** raison.
Es gibt kein	*perfektes* Verbrechen.	Sie haben	*vollkommen* recht.

Bildung: Die Endung **-ment** wird an die weibliche Form des Adjektivs angehängt.
Beachten Sie: Im Deutschen gibt es keine besondere Form für das Adverb.

Besonderheiten der Schreibung:

C'est une **vraie** passion.	Das ist eine *wahre* Leidenschaft.
C'est **vraiment** un problème.	Das ist *wirklich* ein Problem.

2. Das ursprüngliche Adverb

	Adjektiv		Adverb
Votre français est	**bon**.	Vous parlez	**bien** le français.
C'est une	**mauvaise** journée.	Les choses ont	**mal** tourné.
C'est un train	**rapide**.	Il va	**vite**.

Merke:			
acheter			kaufen
vendre	**cher**	*teuer*	verkaufen
payer			bezahlen
coûter			sein (viel kosten)

3. Die Steigerung des Adverbs bien

Nettoyer c'est	**bien**,	*gut*
ne pas salir c'est	**mieux**!	*besser*
c'est	**le mieux**	*am besten*
Ça va encore	**moins bien**	*weniger gut, schlechter*
quand on lit: Le paiement se fait à l'arrivée.		

19 F **Bekräftigen Sie die folgenden Aussagen mit den Adverbien:**
vraiment, parfaitement, tout de suite, très bien, complètement.

Il a raison: – Oui, il a parfaitement raison.

a. C'est un accident grave. – b. C'est triste. – c. C'est intéressant. – d. Il a répondu à ma lettre. – e. C'est une robe élégante. – f. Il joue de la guitare. – g. Cet homme est idiot. – h. Elle est heureuse. – i. Elle a changé. – k. J'ai le droit de rester là. –

19 G **Bien, mieux ou moins bien?** ꝏ

Comment vont les affaires des plagistes en août? – Elles vont bien.

a. Et en septembre? – b. Comment vont les affaires des supermarchés? – c. Est-ce que les affaires des petits commerçants vont comme autrefois? – d. Est-ce que le beige va bien avec le marron? – e. Est-ce que le beaujolais va avec le filet aux truffes? – f. Est-ce que vous dansez comme autrefois? – g. Est-ce que les ouvriers gagnent moins bien leur vie qu'autrefois? – h. Où est-ce qu'on mange le mieux, au restaurant ou à la maison?

19 H **sortir – herausgehen, ausgehen; wie partir, dormir** (vgl. 18 L)

Je **sors** –	nous **sortons** –	ils **sortent** –	elle **est sortie**
[sɔr]	[sɔrtõ]	[sɔrt]	[sɔrti]

19 I **Laden Sie jemanden zum Ausgehen ein oder lehnen Sie es ab, auszugehen.**

1. Vous voulez sortir avec une jeune fille. Qu'est-ce que vous lui dites?
2. Dites à vos amis pourquoi vous ne sortez pas avec eux ce soir.
3. Vous ne voulez pas sortir avec le jeune homme qui vous a invitée. Qu'est-ce que vous lui dites?

19 K **Das betonte (unverbundene) Personalpronomen**

Je le paye,	**moi**, cet emplacement.
Tu pars,	**toi**?
C'est	**lui** qui a volé la moto?
Non, c'est	**elle**.
La moto n'est pas à	**nous**.
Elle est à	**vous**?
Ils ont payé,	**eux**.
C'est	**elles** qui sont couchées sur les matelas.

Die fettgedruckten Pronomen können «unverbunden» gebraucht werden, d. h. alleinstehend, ohne Verb. Sie dienen auch zur Hervorhebung.

Merke: C'est nous (vous). – Das sind wir. (Das seid ihr.)
C'est eux (elles) oder: Ce sont eux (elles). – Das sind sie.

– C'est toi qui as eu la brillante idée de la plage hors saison pour être plus tranquille.

19 L **Weisen Sie einen Vorwurf zurück.**

C'est Chantal qui a laissé les fenêtres ouvertes. – Non, ce n'est pas elle.

a. C'est vous qui avez garé la voiture devant la sortie? – b. C'est vous qui n'avez pas encore payé pour les matelas? – c. C'est Philippe qui a eu cette brillante idée. – d. C'est Sabine qui a allumé la télé? – e. C'est le vendeur qui m'a trompé. – f. Ce sont les piétons qui ne font pas attention! – g. Ce sont les femmes qui ont le plus d'accidents! –

19 M **Der Imperativ mit Pronomen**

1. Der bejahte Imperativ

Excusez-**moi.**	Entschuldigen Sie *mich*!
Lève-**toi.**	Steh auf!
Respectez-**le.**	Beachten Sie *es*!
Laissez-**la** tranquille.	Lassen Sie *sie* in Ruhe!
Achetez-**les.**	Kaufen Sie *sie*!
Placez-**nous** à l'arrière.	Setzt *uns* nach hinten!
Levez-**vous.**	Steht auf!
Pardonnez-**lui** ça.	Vergeben Sie *ihm (ihr)* das!
Parlez-**leur.**	Sprechen Sie mit *ihnen*!

Beim bejahten Imperativ stehen die verbundenen (unbetonten) Personalpronomen (le, la, les, usw.) mit Bindestrich nach dem Verb. Lediglich me und te werden durch **moi** und **toi** ersetzt. Vgl. 18 D.

2. Der verneinte Imperativ

Robert travaille.	Ne **le** dérangez	pas.	Stört *ihn* nicht!
	Ne **lui** parlez	pas.	Redet nicht mit *ihm*!
Chantal travaille.	Ne **la** dérangez	pas.	Stört *sie* nicht!
	Ne **lui** parlez	pas.	Redet nicht mit *ihr*!
	Ne **te** dérange	pas.	Mach keine Umstände!

Bei der verneinten Befehlsform stehen die verbundenen Personalpronomen einschließlich me und te vor dem Verb wie im Aussagesatz.

19 N **Laissez-moi (-le, -la, -les) faire**

Verwenden Sie die Verben: *travailler, réfléchir, essayer, aider, dormir, passer, choisir.*

> Ils sont fatigués. – Laissez-les dormir.
> Je n'arrive pas à ouvrir la boîte. – Laissez-moi vous aider.

a. Je ne peux pas ouvrir la porte. – b. Elle a beaucoup de travail. – c. Je n'arrive pas à ouvrir la bouteille. – d. Où est-ce que j'ai garé la voiture? – e. Ce travail est trop dur pour toi. – f. Il est pressé. – g. Qu'est-ce qu'on lui donne, un parfum ou des fleurs? –

19 O **Raten Sie jemandem ab.**

z. B.: Mme Rey part en voiture et place sa petite fille à côté d'elle. –
Ne la placez pas là.

a. Votre ami veut acheter le vin au supermarché. – b. Il veut garer sa voiture devant une sortie. – c. Il veut jeter la bouteille par la fenêtre. – d. Il veut faire réparer sa moto par un bricoleur. – e. Il veut vendre sa résidence secondaire.

19 P **Qu'est-ce qui . . .? – Qu'est-ce que . . .? – Was . . .?**

Die Frage nach Sachen.

Qu'est-ce qui reste?	*Was* bleibt übrig?
Qu'est-ce que vous cherchez?	*Was* suchen Sie?

Qu'est-ce **qui** . . .?	Was . . .?	fragt nach dem **Subjekt**.
Qu'est-ce **que** . . .?	Was . . .?	fragt nach dem **Objekt**.

19 Q **Sie wollen etwas genauer wissen.**

Stellen Sie eine Rückfrage mit *qu'est-ce qui . . .?* oder *qu'est-ce que . . .?*

> Cela m'intéresse. – Qu'est-ce qui vous intéresse?
> Je ne peux pas supporter ça. – Qu'est-ce que vous ne pouvez pas supporter?

a. Cela me dérange. – b. Cela me plaît. – c. J'ai trouvé maintenant. – d. Cela ne va pas. – e. Je n'aime pas ça. – f. Je vais acheter ça. – g. C'est dégoûtant. – h. Cela me gêne beaucoup. –

19 R **Mettez les réponses dans le bon ordre.**

Vous n'avez pas payé, monsieur. –	Et pourquoi donc?
Sortez de là. –	Si, vous avez parfaitement raison.
Vous n'êtes pas d'accord? –	Oui, ça va.
Ça suffit comme ça. –	Mais, vous me prenez pour qui?

19 S

Sagen Sie dem Verleiher am Strand, daß Sie das Recht haben, hier zu bleiben. Werfen Sie ihm vor, daß die Kinder ihn stören, die Hunde aber nicht.

Jemand belästigt Sie. Sagen Sie ihm, er soll Sie in Ruhe lassen. Es reicht Ihnen jetzt.

Fragen Sie, wieviel ein Sonnenschirm für einen halben Tag kostet.

Sagen Sie, daß Sie braun werden wollen, daß Sie keinen Sonnenschirm brauchen.

20 A

DOMAINE J. SAMBIN
71720 Romanèche-Thorins

Moulin-à-Vent
Fleurie - Beaujolais-Villages

Tél. (85) 37.51.83
C.C.P. André Sambin 1086-82 Lyon

4/7/19..

Ma chère Gaby,

Nous commençons à penser aux vendanges et nous avons tous gardé un si bon souvenir de toi que nous venons te demander si tu peux revenir. Je ne peux pas encore te dire la date exacte, mais je pense que ce sera vers le 20 septembre. J'espère que Ulrike, ta petite sœur, pourra venir aussi.

Si vous arrivez un ou deux jours avant, nous serons heureux de vous garder avec nous en famille. Tu n'auras qu'à nous dire la date d'arrivée et nous irons vous chercher à Mâcon. Bien sûr, nous vous payerons le voyage.

Tout le monde va bien, la petite Caroline marche maintenant toute seule, Laure est devenue bien gentille. Je pense qu'elles seront là pour les vendanges.

Je suis sûre que tu n'auras pas de difficultés à lire ma lettre.

Meilleur souvenir de ma part et de toute la famille.

Nicole

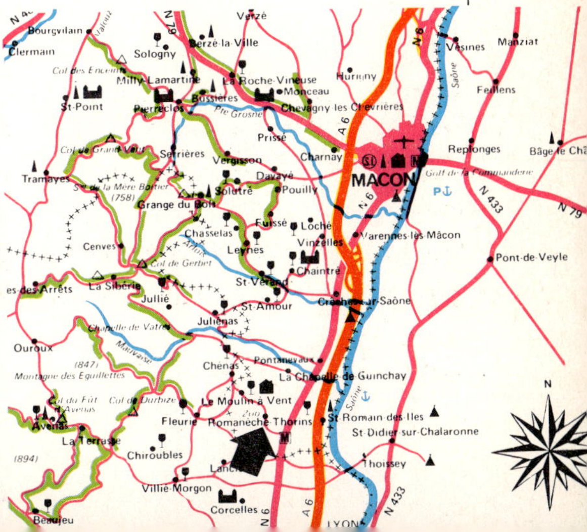

20 B

Munich, le 15 juillet 19..

Chère Nicole,

Je te remercie de ta lettre. Bien sûr, je viendrai pour les vendanges et ma sœur m'accompagnera. Nous arriverons à Mâcon le 18 septembre par le train de 19 h 30.

J'espère que vous viendrez nous chercher à la gare.

Meilleures amitiés Gaby

20 C

Si vous voulez aller faire les vendanges, adressez-vous au C.D.I.R., rue du Dessous-des-Berges, 75013 Paris (C.D.I.R. = Centre de documentation et d'information rurales)

20 D **Avez-vous compris?**

1. Quand commencent les vendanges dans le Beaujolais?
2. Qui accompagne Gaby en France?
3. Est-ce que les deux Allemandes y vont en voiture?
4. Dans quelle ville arrivent-elles?
5. Pourquoi est-ce qu'on leur paye le voyage?
6. A quelle gare va-t-on les chercher?
7. Est-ce la première fois que Gaby va faire les vendanges?

◁ *L'Hôtel-Dieu de Beaune*

20 E **Conversation en classe**

1. Quels sont les vins français que vous connaissez?
2. Romanèche-Thorins est à peu près à 20 kilomètres de Mâcon. Pourquoi va-t-on chercher les jeunes filles à la gare de Mâcon?
3. Pourquoi est-ce que les deux jeunes filles vont en France pour les vendanges?
4. Comment apprend-on le mieux le français?
   a. Dans une famille?
   b. A l'hôtel?
   c. Dans un cours de vacances?
   d. Par la télévision ou la radio françaises?
   e. Quand on travaille en France?
5. Quand on fait les vendanges, on gagne 50 à 60 F par jour. Est-ce que c'est bien payé? Pourquoi? Pensez qu'on est dans une famille et qu'il ne faut pas payer pour les repas. Pensez aussi que c'est un travail temporaire.
6. Où est-ce qu'on trouve un travail temporaire chez nous?
7. Qu'est-ce qu'on gagne pour une heure de travail temporaire?

vins

WINES - WEINE

VINS EN PICHET			
Rouge, Rosé, Blanc (11°)	*25 cl*	3,50	
	50 cl	7,00	
		1/1	1/2
DIVERS			
Riesling A. C.		19,00	10,50
Muscadet A. C.		14,00	
BEAUJOLAIS			
Beaujolais Villages A. C.		19,00	10,50
Julienas A. C.		24,00	13,00
PROVENCE			
Rosé Château de Beaulieu V.D.Q.S.		13,00	7,50
BORDEAUX			
Bordeaux de Ginestet A. C.		15,00	
Saint-Emilion A. C.		31,00	16,50
Lalande de Pomerol A. C.		33,00	
BOURGOGNE			
Passe Tout Grain A. C.		22,00	
CHAMPAGNE			
Laurent-Perrier Cremant Brut		60,00	32,00
Pol Roger		75,00	
Don Ruinart		125,00	

20 F **Das futur simple**

Zusätzlich zu dem mit *aller* zusammengesetzten «futur proche» (vgl. 15 G) gibt es im Französischen die «einfache Zukunft». Sie findet sich mehr in der Schriftsprache.

– D'accord Youpi, nous voterons pour lui.

1. Die Endungen des futur simple

Je	viendr**ai**.	[e] oder [ɛ]
Tu	payer**as**.	[a]
Elle	m'accompagner**a**.	[a]
Nous	arriver**ons** à 19 h 30.	[õ]
Vous	partir**ez** le 18 septembre.	[e]
Elles	descendr**ont** à Mâcon.	[õ]

Merkstütze: Die Präsensformen von avoir.

2. Ableitung

a. Die Verben auf -ir und -dre hängen die Futurendungen an den Infinitiv an: finir – il finir**a**; attendre – j'attendr**ai** (Das e des Infinitivs entfällt.)

b. Die Ableitung der Verben auf -er geht ebenfalls vom Infinitiv aus: payer – nous payer**ons**. Die **Aussprache** richtet sich nach den stammbetonten Formen des Präsens: je porte [ʒəpɔrt] – je porterai [ʒəpɔrtrɛ].

Der Aussprache entsprechend finden sich auch die orthographischen Veränderungen der stammbetonten Formen (vgl. 8 N, 18 E):
je **jette** [ʒəʒɛt] – ils **jetteront** [ilʒɛtrõ];
je me prom**è**ne [ʒməprɔmɛn] – nous nous prom**è**nerons [nunuprɔmɛnrõ].

Bei den Verben mit é im Stamm (vgl. 17 N) bleibt die Schreibung des Infinitivs erhalten: préférer – je préf**è**re [ʒəprefɛr] – ils préf**é**reront [ilprefɛrrõ]

3. Sonderformen

avoir	– j'**aurai**	[ʒɔrɛ]	être	– je **serai**	[ʒəsrɛ]
aller	– j'**irai**	[ʒirɛ]	faire	– je **ferai**	[ʒəfrɛ]
venir	– je **viendrai**	[ʒ(ə)vjɛ̃drɛ]	tenir	– je **tiendrai**	[ʒ(ə)tjɛ̃ndrɛ]
pouvoir	– je **pourrai**	[ʒ(ə)purrɛ]	vouloir	– je **voudrai**	[ʒ(ə)vudrɛ]

20 G Sie wollen sich zum ersten Mal mit Ihrer Brieffreundin (Ihrem Brieffreund) treffen. Teilen Sie Ihre Ankunft mit:

1. Vous le (la) remerciez de sa lettre.
2. Où arriverez-vous? Par quel train?
3. La date et l'heure exacte de votre arrivée.
4. Qu'est-ce que vous porterez? (Quels vêtements?)
5. Vous espérez qu'il (elle) viendra vous chercher à la gare et qu'il (elle) vous reconnaîtra.

   A bientôt

   formule de politesse

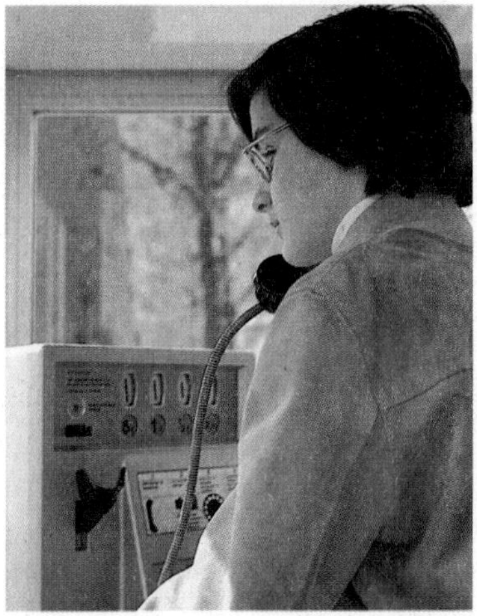

20 H Vous téléphonez à votre amie Sylvie: ꝏ

– Allô?
– . . . . . , Monsieur. Ici . . . . . . Je . . . . . parler à Sylvie, s'il vous plaît. Est-ce qu'elle est là?
– Oui. – Ne quittez pas. Je vous passe Sylvie.
– . . . . . , Monsieur.
– Sylvie! C'est pour toi!

20 I Was werden Sie unternehmen?

1. Qu'est-ce que vous ferez dimanche prochain?
2. Qu'est-ce que vous ferez pendant vos vacances cette année?
3. Où est-ce que vous serez l'année prochaine?

20 K Ihr Freund hat seinen Besuch angekündigt. Antworten Sie auf seinen Brief:

1. Vous êtes heureux (heureuse) de le garder avec vous pour quelques jours.
2. Vous irez le chercher à la gare.
3. Vous attendrez près de la locomotive.
4. Vous avez déjà pris des billets de théâtre.
5. Vous espérez qu'il passera un bon séjour.

   Amitiés

   . . . .

20 L **aller chercher – venir chercher (holen – abholen)**

Nous allons les chercher à la gare. –	Wir holen sie am Bahnhof ab. (Wir gehen zum Bahnhof hin.)
Vous viendrez me chercher? –	Werden Sie mich abholen? (Kommen Sie zu mir her?)

20 M **Setzen Sie eine Form von aller chercher oder venir chercher ein:**

a. J'arriverai à 8 h 30. J'espère que . . . .
b. Je n'ai pas de voiture. Est-ce que vous pouvez . . . .?
c. J'ai attendu une heure. Pourquoi . . . .?
d. Sylvie nous attend. Quand . . . .?
e. Philippe arrivera par le train de 10 h 15. Qui . . . .?
f. Restez chez vous. Je . . . .

20 N **commencer, manger**

Cela commence bien.	Il mange peu.
Nous commen**ç**ons.	Nous mang**e**ons au restaurant.

Die Buchstaben **c** und **g** vor a, o, u entsprechen den Lauten [k] bzw. [g]
Die Schreibung **ç** und **ge** vor a, o, u hat den Zweck, die Aussprache [s] bzw. [ʒ] zu bewahren.

20 O **Mettez les réponses dans le bon ordre.**

Vous pensez qu'il a fait des détournements d'argent? –	Vous n'avez qu'à me dire l'heure d'arrivée.
Elle vous plaît mieux, cette émission? –	Non, je n'ai pas le temps.
Est-ce que tu m'accompagnes? –	J'en suis sûr(e).
Vous venez me chercher à la gare?	Non, ça ne m'intéresse pas.

20 P

Sagen Sie, daß Sie diese Familie in guter Erinnerung haben.
Fragen Sie, ob es allen gut geht.
Sagen Sie, daß die Zugfahrt teuer ist.
Sagen Sie, daß Sie keine Schwierigkeiten haben, den Brief zu lesen.

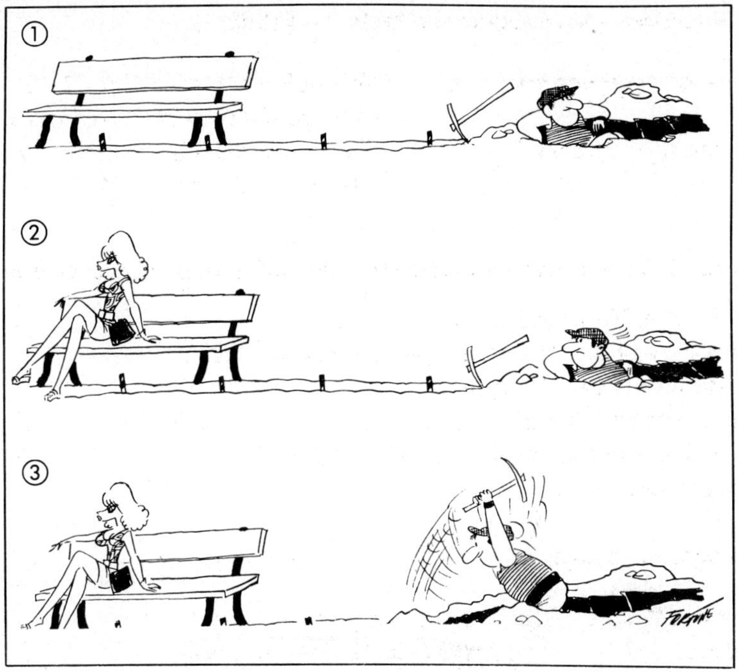

20 Q **Ça redonne des forces.**

① a. Est-ce que l'ouvrier travaille?
b. Il a un fossé à creuser. Est-ce que ça lui plaît?
c. Où est-ce que l'ouvrier se trouve?
d. Est-ce qu'il y a quelqu'un sur le banc?

② a. Maintenant l'ouvrier regarde à droite. Qui se trouve sur le banc?
b. Est-ce qu'elle lui plaît?
c. Pourquoi est-ce qu'elle lui plaît?
d. Est-ce que la jeune fille s'intéresse à lui?

③ a. Qu'est-ce que l'ouvrier fait pour arriver jusqu'au banc?
b. Comment travaille-t-il?
c. Est-ce le travail qui l'intéresse?
d. Où veut-il arriver?

Die Zahlen und Buchstaben verweisen auf die entsprechenden Grammatikkapitel in den Lektionen.

Das Verb

Infinitiv/Futur	Präsens Sing.	Präsens Plural	passé composé

Verben auf -er

Infinitiv/Futur	Präsens Sing.	Präsens Plural	passé composé
chercher (6K/13F/20F)	je cherche	nous cherchons	j'ai cherché
suchen	tu cherches	vous cherchez	
je chercherai	il cherche	ils cherchent	

ebenso: parler – *sprechen*, coûter – *kosten*, travailler – *arbeiten*, etc.

Infinitiv/Futur	Präsens Sing.	Präsens Plural	passé composé
arriver (6K/13F/20F)	j'arrive	nous arrivons	je **suis** arrivé(e)
ankommen	tu arrives	vous arrivez	
j'arriverai	il arrive	ils arrivent	

ebenso: rester – *bleiben*, entrer – *eintreten*, rentrer – *zurückkehren*, monter – *hinaufsteigen*, tomber – *fallen*

Infinitiv/Futur	Präsens Sing.	Präsens Plural	passé composé
préférer (17N/13F/20F)	je préf**è**re	nous préférons	j'ai préféré
vorziehen	tu préf**è**res	vous préférez	
je préférerai	il préf**è**re	ils préf**è**rent	

ebenso: espérer – *hoffen*

Infinitiv/Futur	Präsens Sing.	Präsens Plural	passé composé
acheter (13F/18E/20F)	j'ach**è**te	nous achetons	j'ai acheté
kaufen	tu ach**è**tes	vous achetez	
j'ach**è**terai	il ach**è**te	ils ach**è**tent	

ebenso: lever – *aufheben, erheben;* mener – *führen*

Infinitiv/Futur	Präsens Sing.	Präsens Plural	passé composé
appeler (8N/13F/20F)	j'appe**ll**e	nous appelons	j'ai appelé
rufen, nennen	tu appe**ll**es	vous appelez	
j'appe**ll**erai	il appe**ll**e	ils appe**ll**ent	
jeter (8N/13F/20F)	je je**tt**e	nous jetons	j'ai jeté
werfen	tu je**tt**es	vous jetez	
je je**tt**erai	il je**tt**e	ils je**tt**ent	

Infinitiv/Futur	Präsens Sing.	Präsens Plural	passé composé

Besonderheiten der Schreibung: nous mang**e**ons, nous rang**e**ons
nous commen**ç**ons, nous lan**ç**ons (20N)

Verben auf -re

attendre (11C/13F/20F)	j'attends	nous attendons	j'ai attendu
warten	tu attends	vous attendez	
j'attendrai	il attend	ils attendent	

ebenso: entendre – *hören,* rendre – *zurückgeben,* répondre – *antworten,* correspondre – *korrespondieren,* vendre – *verkaufen*

descendre (11C/13F/20F)	je descends	nous descendons	je **suis** descendu(e)
absteigen, aussteigen	tu descends	vous descendez	
je descendrai	il descend	ils descendent	

Verben auf -ir

finir (12D/13F/20F)	je finis	nous finissons	j'ai fini
beendigen	tu finis	vous finissez	
je finirai	il finit	ils finissent	

ebenso: agir – *handeln,* choisir – *wählen,* garantir – *garantieren,* grandir – *größer werden,* ralentir – *langsamer fahren,* réfléchir – *nachdenken,* réunir – *vereinigen,* réussir – *gelingen,* salir – *verunreinigen*

dormir (18L/20F)	je dors	nous dormons	j'ai dormi
schlafen	tu dors	vous dormez	
je dormirai	il dort	ils dorment	

ebenso: servir – *dienen, bedienen*

partir (18L/19H/20F)	je pars	nous partons	je **suis** parti(e)
abreisen	tu pars	vous partez	
je partirai	il part	ils partent	

ebenso: sortir – *herausgehen, ausgehen*

Reflexive Verben

s'excuser (18D/20F)	je m'excuse	nous nous excusons	
sich entschuldigen	tu t'excuses	vous vous excusez	
je m'excuserai	il s'excuse	ils s'excusent	

ebenso: s'installer – *sich einrichten,* s'endormir – *einschlafen,* etc.

Infinitiv/Futur	Präsens Sing.	Präsens Plural	passé composé
se promener (18D/20F)	je me promène	nous nous promenons	
spazierengehen	tu te promènes	vous vous promenez	
je me promènerai	il se promène	ils se promènent	
ebenso: se lever – *aufstehen*			

Unregelmäßige Verben

Infinitiv/Futur	Präsens Sing.	Präsens Plural	passé composé
aller (4G/13F/20F)	je vais	nous allons	je **suis** allé(e)
gehen, fahren	tu vas	vous allez	
j'irai	il va	ils vont	
avoir (4G/13F/20F)	j'ai	nous avons	j'ai eu
haben	tu as	vous avez	
j'aurai	il a	ils ont	
connaître (14F/20F)	je connais	nous connaissons	j'ai connu
kennen, erkennen	tu connais	vous connaissez	
je connaîtrai	il connaît	ils connaissent	
ebenso: reconnaître – *wiedererkennen*			
dire (15K/20F)	je dis	nous disons	j'ai dit
sagen	tu dis	vous dites	
je dirai	il dit	ils disent	
être (4G/13F/20F)	je suis	nous sommes	j'ai été
sein	tu es	vous êtes	
je serai	il est	ils sont	
faire (14L/20F)	je fais	nous faisons	j'ai fait
machen, tun	tu fais	vous faites	
je ferai	il fait	ils font	
mettre (11F/13F/20F)	je mets	nous mettons	j'ai mis
stellen, legen, anziehen	tu mets	vous mettez	
je mettrai	il met	ils mettent	
ebenso: remettre à neuf – *instandsetzen, überholen*			
offrir (16H/20F)	j'offre	nous offrons	j'ai offert
anbieten	tu offres	vous offrez	
j'offrirai	il offre	ils offrent	
ebenso: ouvrir – *öffnen,* découvrir – *entdecken*			

Infinitiv/Futur	Präsens Sing.	Präsens Plural	passé composé
pouvoir (18G/20F)	je peux	nous pouvons	j'ai pu
können	tu peux	vous pouvez	
je pourrai	il peut	ils peuvent	
prendre (10D/20F)	je prends	nous prenons	j'ai pris
nehmen	tu prends	vous prenez	
je prendrai	il prend	ils prennent	

ebenso: apprendre – *lernen, erfahren, beibringen;* comprendre – *verstehen*

Infinitiv/Futur	Präsens Sing.	Präsens Plural	passé composé
venir (15K/20F)	je viens	nous venons	je **suis** venu(e)
kommen	tu viens	vous venez	
je viendrai	il vient	ils viennent	

ebenso: revenir – *zurückkommen,* devenir – *werden,* tenir – *halten,* (j'ai tenu)

Infinitiv/Futur	Präsens Sing.	Präsens Plural	passé composé
vouloir (17P/20F)	je veux	nous voulons	j'ai voulu
wollen	tu veux	vous voulez	
je voudrai	il veut	ils veulent	

Merke: **je voudrais** (13L) – *ich möchte, ich hätte gerne*

Der Imperativ (7O/18D)

Ableitung:				
	Tu attends.	→ Attend**s**.	Tu ralentis.	→ Ralent**is**.
	Nous attendons.	→ Attend**ons**.	Nous ralentissons.	→ Ralent**issons**.
	Vous attendez.	→ Attend**ez**.	Vous ralentissez.	→ Ralent**issez**.

Ausnahmen: Tu restes (Verben auf -er) → Rest**e**. – Tu ouvres. → Ouvr**e**. –
Tu vas. → V**a**. – Aber: Va**s**-y [vazi]

Verneinter Imperativ: Ne tardez pas. – N'en mange pas.

Imperativ der reflexiven Verben: Lève-toi. – Ne te dérange pas.

Höfliche Umschreibungen des Imperativs: Vous tournez à gauche. (3C)
Vous n'allez pas partir comme ça. (15A)

Unpersönliche Verben (9C/10D/17S)

Il y a du verglas. – **Il faut** changer. – **Il fait** beau. – **Il pleut**. – **Il neige**.

Die Zeiten (13F/15L/15G/16K/20F)

passé composé (13F):	Il **a pris** un congé.	*Er hat Urlaub genommen.*
passé récent (15L):	Il **vient de** partir.	*Er ist soeben abgereist.*
futur ‹proche› (15G):	Il **va prendre** le train.	*Er wird den Zug nehmen.*
futur simple (20F):	Demain il **sera** à Paris.	*Morgen wird er in Paris sein.*

Die Veränderlichkeit des Partizips Perfekt (13F/16K)

Einige Verben bilden das passé composé mit **être: entrer** – *eintreten;* **sortir** – *heraustreten, ausgehen;* **aller** – *gehen, fahren;* **rester** – *bleiben;* **monter** – *hinaufsteigen, einsteigen;* **descendre** – *her(hin)untersteigen, aussteigen;* **tomber** – *fallen;* **arriver** – *ankommen;* **(re)venir** – *(wieder)kommen;* **rentrer** – *zurückkehren;* **partir** – *abreisen.* Das **Partizip Perfekt** richtet sich nach dem **Subjekt:**
Il**s** sont parti**s** ensemble. – Madeleine est déjà rentré**e**.

Das **Partizip Perfekt** der mit **avoir** konjugierten Verben wird **nur** verändert, wenn dem Verb ein **direktes Objekt vorausgeht:**
Vous n'avez pas fermé **la porte**. – Si, je **l'**ai fermé**e**.

Das Substantiv und der bestimmte Artikel (1D/2F/6G/9D)

	Singular *männlich*	*weiblich*	*Plural* *männlich*	*weiblich*
	le client	**la** cliente	**les** clients	**les** clientes
	l'employé	**l'**employé**e**	**les** employés	**les** employées
C'est la faute	**du** client	**de la** cliente	**des** clients	**des** clientes
	de l'employé	**de l'**employé**e**	**des** employés	**des** employées
Le patron parle	**au** client	**à la** cliente	**aux** clients	**aux** clientes
	à l'employé	**à l'**employé**e**	**aux** employés	**aux** employées

Beachten Sie: de + le → **du**; de + les → **des**; à + le → **au**; à + les → **aux**.

Unregelmäßige Pluralbildung

Singular und Plural sind gleich: le mois – les mois; l'autobus – les autobus; le prix – les prix; le porte-monnaie – les porte-monnaie.
Plural auf **-aux**: le bureau de poste – les bureaux de poste;
l'hôpital – les hôpitaux; le journal – les journaux.

Der unbestimmte Artikel und der Teilungsartikel (2G/2L/9F)

Un dessert?	**Des** desserts?	**Pas de** dessert(s).
Du fromage?	-------------	**Pas de** fromage.
Une tarte?	**Des** tartes?	**Plus de** tarte(s).
De la pâtisserie?	-------------	**Plus de** pâtisserie.
De l'eau minérale?	-------------	**Plus d'**eau minérale.

Der Teilungsartikel **du, de la, de l'** bezeichnet Nicht-Zählbares und hat daher keinen Plural.

Nach Mengenangaben, einschließlich **ne . . . pas** und **ne . . . plus,** steht nur **de: beaucoup de** frites, **combien d'**argent? **trop de** candidats, **une assiette de** crudités, etc.

Vor Adjektiven kann *des* durch *de* ersetzt werden: *d'importants détournements d'argent* (17A). Vor *autres* steht nur *d'*: *d'autres jeunes* (6A).

Das Adjektiv (5F)

	männlich	*weiblich*
Singular	un **bon petit** plat	ta **petite** sœur
Plural	les **petits** commerçants	les **petites** villes
Singular	un vent **froid**	de l'eau **froide**
Plural	des repas **froids**	des viandes **froides**

Die meisten Adjektive stehen **nach** dem Substantiv. Einige sehr häufige stehen **vor** dem Substantiv: **beau, belle; joli, e; bon, bonne; mauvais, e; grand, e; petit, e; jeune; vieux, vieille; long, longue; gros, grosse** (5F).
Adjektive mit besonderen Endungen (z. B. sérieu**x**, sérieu**se**; genti**l**, genti**lle**) sind jeweils mit dem neuen Wortschatz einer Lektion zu lernen.

Die Steigerung des Adjektivs (10K)

Chez Giliane les vêtements sont	**plus** élégants.	*eleganter*
	moins chers.	*billiger*
Vous avez un	**meilleur** choix.	*eine bessere Auswahl*
Vous y trouvez les vêtements	**les plus** élégants.	*die eleganteste Kleidung*
	les moins chers.	*die preiswerteste*
Vous avez	**le meilleur** choix.	*die beste Auswahl*

Das adjektivische Demonstrativpronomen (7L)

Je le connais bien,	**ce** jeune homme.	Vous la connaissez,	**cette** dame?
	cet homme.		
Vous les prenez,	**ces** gants?	Vous les prenez,	**ces** chaussures?

Das adjektivische Possessivpronomen (7G/7H/8F)

Je	cherche	**mon** ticket	**ma** place	**mes** clés.
Tu	cherches	**ton** ticket	**ta** place	**tes** clés?
Il (Elle)	cherche	**son** ticket	**sa** place	**ses** clés.

Nous	cherchons	**notre** hôtel	**nos** bagages.
Vous	cherchez	**votre** hôtel	**vos** bagages?
Ils (Elles)	cherchent	**leur** hôtel	**leurs** bagages.
		leur chambre	**leurs** chambres.

Das adjektivische Fragepronomen ‹quel›? (3I/10N/10O)

	Singular	*Plural*
männlich	**Quel** quai?	**Quels** autobus . . .?
weiblich	A **quelle** heure?	**Quelles** chaussures . . .?

Man kann sagen: **Quels** autobus vont à la gare de l'Est?
oder: **Quels sont** les autobus **qui** vont à la gare de l'Est?

Das adjektivische unbestimmte Pronomen ‹tout› (11I)

	Singular		*Plural*	
männl.	en **tout** cas	*auf jeden Fall*	**tous** [tu] **les** jours	*alle Tage*
weibl.	**toute la** journée	*den ganzen Tag*	**toutes les** semaines	*jede Woche*

Das Personalpronomen (8M/14D/14G/15E/16F/17H/17K/19K)

Je	suis chez	**moi.**	Viens	**me**	voir si tu veux	**me**	parler.
Tu	es chez	**toi?**	Je vais	**te**	voir. Je voudrais	**te**	parler.
Il	est chez	**lui.**	Va	**le**	voir si tu veux	**lui**	parler.
Elle	est chez	**elle.**	Va	**la**	voir si tu veux	**lui**	parler.
Nous	sommes chez	**nous.**	Viens	**nous**	voir si tu veux	**nous**	parler.
Vous	êtes chez	**vous?**	Je vais	**vous**	voir. Je voudrais	**vous**	parler.
Ils	sont chez	**eux.**	Va	**les**	voir si tu veux	**leur**	parler.
Elles	sont chez	**elles.**	Va	**les**	voir si tu veux	**leur**	parler.

Das unverbundene Personalpronomen (**moi, toi, lui,** etc.) steht ohne Verb oder nach einer Präposition (8M/19K). Das (mit dem Verb) **verbundene** Personalpronomen (**il, le, lui,** etc.) kann nicht allein stehen.
Ausnahme: **Me** voilà. – *Da bin ich.* **Le** voilà. – *Da ist er.* (17H)

Das **Objektpronomen** kann ein direktes Objekt ersetzen:
Vous avez vu **le patron**? – Non, je ne **l'**ai pas vu.
oder ein indirektes Objekt (à + Person):
Je voudrais parler **à Sylvie**. → Je voudrais **lui** parler. (14D/15E/16F)

Das Objektpronomen steht **vor** dem konjugierten Verb oder **vor** dem Infinitiv.
Ausnahme: faire faire, laisser faire. (17K)

In der **bejahten Befehlsform** stehen die verbundenen Personalpronomen nach. (18D/19M)
Respectez-**le**. Excusez-**moi**. Promène-**toi**.
Dabei werden *me* und *te* durch **moi** und **toi** ersetzt.

En

Das Pronomen ‹en› bedeutet *de cela*. Im Deutschen bleibt es oft unübersetzt.
Qu'**en** pensez-vous? – *Was halten Sie davon?*
Des problèmes? Mon patron va bientôt **en** avoir. – *Mein Chef wird bald welche haben.*
Une mirabelle? – J'**en** prends deux. – *Ich nehme zwei.* (12G/14G)

Y

Das Pronomen ‹y› ersetzt das indirekte Objekt à + Sache:
Tu penses **à ton travail**? – Je n'**y** pense plus. (13I)
Die Stellung von *en* und *y* entspricht den Personalpronomen.

On

On steht in der gesprochenen Sprache häufig an Stelle von *nous:*
On n'a pas de night club ici, mais **on** n'est pas malheureux. (6N)

Das Relativpronomen ‹qui› und ‹que› (14N)

J'achète chez les petits commerçants

qui me connaissent et	*die mich kennen*	Das Relativpronomen ist Subjekt.
que je connais.	*die ich kenne.*	Das Relativpronomen ist direktes Objekt.

Das substantivische unbestimmte Pronomen ‹tout, toutes, tous› (11I)

Ils vont **tous**	[tus] au supermarché.	*alle*	On y trouve **tout**. [tu] *alles*
Elles vont **toutes**	[tut]	*alle*	

Vergleichen Sie: Ils y vont tous.	[tus]	substantivisch, alleinstehend.
tous	[tu] les jours.	adjektivisch, beim Substantiv.

Die Stellung der Satzteile im Aussagesatz

Chaque jour, les journaux parlent d'attentats.

Adverb *Subjekt* *Verb* *Objekt*

Die Reihenfolge **Subjekt-Verb-Objekt** gilt auch dann, wenn eine adverbiale Bestimmung oder ein Nebensatz vorausgeht.

Il	offre	une cigarette	au chauffeur.
Il	a demandé	de l'argent	au patron.
Subjekt	*Verb*	*direktes Objekt*	*indirektes Objekt (mit Präposition)*

Hat das Verb **zwei Objekte,** so steht das indirekte Objekt in der Regel hinter dem direkten Objekt. (9D/17D)

Hervorhebung

C'est toi **qui** as eu cette idée. (16D)
C'est dans ce milieu **qu'**elle rencontre Yan.

C'est . . . qui hebt das Subjekt hervor, **c'est . . . que** alle anderen Satzteile.

Hervorhebung durch **Personalpronomen:**
Alors! Vous **la** retrouvez, votre fourchette? (14H) Ils ont payé, **eux**. (19K)

Der Fragesatz (6D/15N/19P)

Subjekt Verb:	**Wortstellung wie im Aussagesatz**
Tu vas où? Le magasin est ouvert?	Frage mit dem Stimmton
Est-ce que le magasin est ouvert? Quand **est-ce que** le magasin est ouvert? **Qu'est-ce que** vous préférez?	Fast immer kann die Frage durch Vorsetzen von est-ce que gebildet werden.
Qui tente sa chance? **Qu'est-ce qui** reste?	Wer? Frage nach dem Subjekt Was? Frage nach dem Subjekt
Verb Subjekt:	**Umstellung wie im Deutschen**
Combien d'argent avez-**vous**? Quel âge a-t-**elle**?	Wenn das Subjekt ein Pronomen ist.
Quel âge a **la jeune fille**? Que fait **Sabine**?	Wenn das Subjekt ein Substantiv ist, nur in kurzen Fragesätzen mit Fragewort.

Die Verneinung (2L/11L/12H/12I/18I)

ne . . . pas M. Legrand n'est pas là. Je ne l'ai pas vu.
ne . . . plus Ils ne me disent plus bonjour. – Il n'a plus rien dit.
ne . . . rien Il ne dit rien. – Tu n'as rien oublié? – Rien ne l'intéresse.
ne . . . jamais Elle ne porte jamais de jeans. Elle n'en a jamais porté.
ne . . . que Je n'ai que 10F. – La pause n'a duré qu'une heure.
ne . . . personne Il ne parle à personne. – Je n'ai rencontré personne. – Personne ne s'intéresse à tous ces blabla.

Die Verneinung umschließt das konjugierte Verb einschließlich Objektpronomen:
Je **ne** l'ai **pas** vu.
Beachten Sie: *Ne . . . que* und *ne . . . jamais* umschließen im passé composé auch das Partizip Perfekt.

Das Adverb (19E)

Vom Adjektiv abgeleitete Adverbien

parfait, parfaite → parfaitement; complet, complète → complètement.
Die Endung **-ment** wird in der Regel an die weibliche Form des Adjektivs angehängt. Ausnahme: vraiment.

Ursprüngliche Adverbien

bien, mal, vite, toujours, souvent, tout de suite, déjà, partout, à droite, à gauche, là-bas, loin de, encore, maintenant, d'abord, ensuite, puis, chaque jour, le soir, aujourd'hui, tard, quand même, plutôt, tout à fait, beaucoup, peu.

Bien kommt in einigen Wendungen mit être als unveränderliches Adjektiv vor:
Tu n'es pas bien? (4D) – *Ist dir nicht wohl?*

Die Steigerung des Adverbs (10K/19E)

Il va vite	**plus (moins)** vite	**le plus** vite	**le moins** vite.
Ça va **bien**	**mieux**	**le mieux.**	

Beachten Sie die Abwärtssteigerung im Französischen:
Il va moins vite. – *Er fährt langsamer.*

‹Y› als Ortsadverb (13I)

Vous êtes déjà allé en France? – J'**y** suis allé une fois.

Grundzahlen und Ordnungszahlen (3F/4F/5G/13O)

0	zéro	
1	un	premier (1er)
2	deux	second, deuxième (2e)
3	trois	troisième (3e)
4	quatre	quatrième
5	cinq	cinquième
6	six	+ ième
7	sept	–
8	huit	–
9	neuf	–
10	dix	–
11	onze	–
12	douze	–
13	treize	–
14	quatorze	–
15	quinze	–
16	seize	–
17	dix-sept	–
18	dix-huit	–
19	dix-neuf	–
20	vingt	–
21	vingt et un	vingt et unième
22	vingt-deux	vingt-deuxième
23	vingt-trois	+ ième
	.....	

30	trente
31	trente et un
32	trente-deux
	.....
40	quarante
50	cinq**u**ante
60	soixante
70	soixante-dix
71	soixante **et** onze
72	soixante-douze
73	soixante-treize
	.....
80	quatre-vingt**s**
81	quatre-vingt-un
82	quatre-vingt-deux
	.....
90	quatre-vingt-dix
91	quatre-vingt-onze
92	quatre-vingt-douze
	.....
100	cent
101	cent un
102	cent deux
	..... (3–99)
200	deux cent**s**
201	deux cen**t** un

300 trois cents; 400 quatre cents; 999 neuf cent quatre-vingt-dix-neuf;
1000 mille; 1001 mille un; 1100 mille cent, onze cents;
1979 mille neuf cent soixante-dix-neuf, dix-neuf cent soixante-dix-neuf;
1 000 000 un million.

Beachten Sie: quatre-vingts, deux cents, trois cents etc. verlieren das -s, wenn ein weiteres Zahlwort folgt.

ERKLÄRUNG DER LAUTSCHRIFT

Vokale

[a]	helles a	là, regarder
[ɑ]	dunkles a	pâtisserie
[e]	geschlossenes e, etwa wie in *Leben*	et, étrange
[ɛ]	offenes ä, etwa wie in *mähen*	après, l'air
[i]	geschlossenes i, etwa wie in *Sieb*; Lippenspreizung	fini
[ɔ]	offenes o, etwa wie in *Gott*	sortir
[o]	geschlossenes o, etwa wie in *Moos*	entrecôte
[ø]	geschlossenes ö, etwa wie in *schön*	danseuse
[œ]	offenes ö, etwa wie in *Röcke*	heure, peur
[ə]	dumpfes e mit deutlicher Lippenrundung, etwa wie in *grüßen, bitte*	le menu
[u]	geschlossenes u, etwa wie in *Hut, Uhr*	ou, où, journal
[y]	geschlossenes ü mit deutlicher Lippenrundung, etwa wie in *Mühe*	musique
[ɛ̃]	nasaliertes ä	fin, bien
[õ]	nasaliertes o	mon, bon
[ɑ̃]	nasaliertes a	entre, tant
[œ̃]	nasaliertes ö. Es hat sich weitgehend dem Nasal [ɛ̃] angeglichen und wird daher in diesem Buch nicht mehr verwendet.	un parfum

Halbvokale (Halbkonsonanten)

[j]	weicher als das deutsche j, kein Reibelaut	travail, rien
[w]	gleitendes u, ergibt keine eigene Silbe	oui, moi
[ɥ]	gleitendes ü, bildet sich beim Übergang zum folgenden i.	lui, huit

Konsonanten

[p, t, k]	stimmlos, aber ohne nachfolgende Aspiration, d. h. ohne nachfolgendes h	patron, temps comme
[f]	stimmlos, wie in *Foto*	faute, photo
[v]	stimmhaft wie in norddeutsch *Wind*	vent, voir
[s]	stimmlos wie in *wissen, reißen;* im Anlaut vor Vokal ist s immer stimmlos	soir, c'est espérer
[z]	stimmhaftes s, wie in *reisen, lesen*	raison
[ʒ]	stimmhaft, wie in *Garage, Loge*	jour, gens
[ʃ]	stimmloses sch, wie in *Tisch*	chaque
[ɲ]	mouilliertes n, ein einziger Laut, etwa wie in *Kognak*	cognac, signal
[']	bezeichnet ein h ‹aspiré›, d. h. es darf nicht gebunden werden: des haricots [deariko] im Gegensatz zu des hôtels [dezotɛl].	le hall
[ŋ]	nasaler Verschlußlaut, nur in Wörtern aus dem Englischen.	camping, parking

LEKTIONSWORTSCHATZ

m = maskulin/männlich *f* = feminin/weiblich *pl* = Plural/Mehrzahl

Lektion 1

1 A	à l'hôtel *m* [alo(ɔ)tɛl]	im Hotel
	Monsieur Legrand [məsjøl(ə)grɑ̃]	Herr Legrand
	bonjour [bõʒur]	guten Tag, guten Morgen
	mademoiselle [madmwazɛl]	Fräulein
	j'ai réservé [ʒerezɛrve]	ich habe reserviert
	une chambre [ynʃɑ̃br(ə)]	ein Zimmer
	vous êtes . . . [vuzɛt]	Sie sind . . .
	voilà [vwala]	hier, hier ist (sind)
	de Rouen [dərwɑ̃]	aus Rouen *(in der Normandie)*
	je ne suis pas [ʒən(ə)sɥipɑ]	ich bin nicht
	je suis [ʒəsɥi]	ich bin
	oui [wi]	ja
	Excusez-moi! [ɛkskyzemwa]	Entschuldigen Sie!
	C'est ça! [sɛsa]	Stimmt! Ganz recht!
	c'est [sɛ]	das ist
	la chambre [laʃɑ̃br(ə)]	das Zimmer
	le numéro 2 (deux) [lənymerodø]	die Nummer 2
	la clé [lakle]	der Schlüssel
	Vous avez réservé? [vuzaverezɛrve]	Sie haben reserviert?
	1e classe *f* (première classe) [prəmjɛrklɑs]	1. Klasse
1 B	le restaurant [lərɛstɔrɑ̃]	das Restaurant
	au restaurant [orɛstɔrɑ̃]	im Restaurant
	C'est pour dîner? [sɛpurdine]	Wollen Sie zu Abend essen?
	madame [madam]	gnädige Frau
	Madame Legrand [madamləgrɑ̃]	Frau Legrand *(Großschreibung vor Eigennamen)*
	non [nõ]	nein
	Combien . . .? [kõbjɛ̃]	Wieviel . . .?
	quatre personnes [kat(rə)pɛrsɔn]	vier Personen
	la personne [lapɛrsɔn]	die Person
	une table [yntabl(ə)] pour quatre [purkat(rə)]	ein Tisch für vier Personen
	la conversation en classe [lakõvɛrsasjõɑ̃klɑs]	das Gespräch in der Klasse
1 C	l'annonce *f* [lanõs]	die Annonce, die Anzeige
	la boutique [butik]	die Boutique, das Geschäft
	le garage [ləgaraʒ]	die Garage, die Reparaturwerkstatt
	l'appartement *m* [lapartəmɑ̃]	die Wohnung
	la villa [lavilla]	die Villa, das Landhaus
	le terrain [lətɛrɛ̃]	das Terrain, das Gelände, Grundstück
	l'ingénieur *m* [lɛ̃ʒenjœr]	der Ingenieur
	le monteur [ləmõtœr]	der Monteur

	l'hôtellerie *f* [lo(ɔ)tɛlri]	das Hotelgewerbe, der Gasthof
	le rédacteur [lәredaktœr]	der Redakteur
	le chauffeur [lәʃofœr]	der Chauffeur
	le coiffeur [lәkwafœr]	der Friseur
	Munich [mynik]	München
	Francfort [frɑ̃kfɔr]	Frankfurt
	Cologne [kɔlɔɲ]	Köln
	Vienne [vjɛn]	Wien
	la coiffeuse [lakwaføz]	die Friseuse
	le contrôleur [lәkõtrolœr]	der Kontrolleur
	le (la) secrétaire [lә(la)sәkretɛr]	der Sekretär, die Sekretärin
	la direction [ladirɛksjõ]	die Direktion
	la sténodactylo [lastenɔdaktilo]	die Stenotypistin
	la danseuse [ladɑ̃søz]	die Tänzerin
	le music-hall [lәmyzikol]	das Varieté

Lektion 2

2A	la librairie [lalibrɛri]	die Buchhandlung
	à la papeterie [alapap(e)tri]	im Schreibwarengeschäft
	Vous désirez? [vudezire]	Sie wünschen?
	Vous avez des cartes routières? [dekartrutjɛr]	Haben Sie Straßenkarten?
	la carte routière [lakartrutjɛr]	die Straßenkarte
	les cartes routières [lekartrutjɛr]	die Straßenkarten
	la France [lafrɑ̃s]	Frankreich
	j'ai [ʒe]	ich habe
	la carte Michelin [lakartmiʃlɛ̃]	die Michelinkarte
	les cartes Michelin [lekartmiʃlɛ̃]	die Michelinkarten
	s'il vous plaît [silvuplɛ]	bitte
	et [e]	und
	avec ça [avɛksa]	außerdem, sonst noch
	avec [avɛk]	mit
	un stylo à bille [ɛ̃stiloabij]	ein Kugelschreiber
	le stylo à bille [lәstiloabij]	der Kugelschreiber
	les stylos à bille [lestiloabij]	die Kugelschreiber
	le bloc-notes [lәblɔknɔt]	der Notizblock
	les blocs-notes [leblɔknɔt]	die Notizblöcke
	une enveloppe [ynɑ̃vlɔp]	ein Briefumschlag
	le plan de la ville [lәplɑ̃dlavil]	der Stadtplan
	la ville [lavil]	die Stadt
	C'est tout? [setu]	Ist das alles?
	C'est combien? [sekõbjɛ̃]	Was kostet das?
	quinze francs [kɛ̃zfrɑ̃]	15 Franken
	le timbre [lәtɛ̃br(ә)]	die Briefmarke
	je regrette [ʒәrәgrɛt]	bedauere, es tut mir leid
	Je n'ai pas de timbres. [ʒәnepɑdәtɛ̃br(ә)]	Ich habe keine Briefmarken.
	mais [mɛ]	aber
	le bureau de poste [lәbyrodpɔst(ә)]	das Postamt

	les bureaux de poste [lebyrodpɔst(ə)]	die Postämter
	loin [lwɛ̃]	weit, weit entfernt
	merci [mɛrsi]	danke
	au revoir [ɔrvwar]	auf Wiedersehen
2B	dans la rue [dɑ̃lary]	auf der Straße
	pardon [pardõ]	Verzeihung, entschuldigen Sie
	Où est . . .? [uɛ]	Wo ist . . .?
	là-bas [labɑ]	da, dort, da unten, da hinten
	de rien [dərjɛ̃]	bitte *(als Antwort auf danke),* nichts zu danken
2C	au bureau de poste [obyrodpɔst(ə)]	im Postamt
	la carte postale [lakartpɔstal]	die Postkarte
	pour l'Allemagne *f* [purlalmaɲ]	nach Deutschland
	un franc [ɛ̃frɑ̃]	ein Franken
	alors [alɔr]	dann
	dix timbres [ditɛ̃br(ə)]	zehn Briefmarken
	à un franc [aɛ̃frɑ̃]	zu einem Franken
	votre sac [vɔtrəsak]	Ihre Tasche
	le sac [ləsak]	die Handtasche
2D	Vous n'avez pas de voiture? [vunavepɑdvwatyr]	Haben Sie kein Auto?
	la voiture [lavwatyr]	das Auto, der Wagen
	cette année *f* [sɛtane]	dieses Jahr
2E	une lettre [ynlɛtr(ə)]	ein Brief
	les cartes postales [lekartpɔstal]	die Postkarten
	la cigarette [lasigarɛt]	die Zigarette
	le café [ləkafe]	das Café
2H	un film Kodak [ɛ̃film kɔdak]	ein Kodakfilm
2I	la télévision [latelevizjõ]	das Fernsehen

Lektion 3

3A	à la gare [alagar]	am Bahnhof
	le billet [ləbijɛ]	die Fahrkarte
	pour Bordeaux [purbɔrdo]	nach Bordeaux
	deuxième classe [døzjɛmklɑs]	zweite Klasse
	la classe [laklɑs]	die Klasse
	sur [syr]	auf
	quel quai? [kɛlke]	welcher Bahnsteig?
	le quai [ləke]	der Bahnsteig
	trois [trwa]	drei
	la voie [lavwa]	das Gleis
	cinq [sɛ̃k]	fünf
	à quelle heure? [akɛlœr]	wann? um wieviel Uhr?
	à dix heures quinze [adizœrkɛ̃z]	um 10 Uhr 15
3B	le train [lətrɛ̃]	der Zug
	dans le train [dɑ̃ltrɛ̃]	im Zug
	libre [libr(ə)]	frei
	ici [isi]	hier

	Je peux vous aider? [ʒ(ə)pøvuzede]	Kann ich Ihnen helfen?
	très [trɛ]	sehr
	gentil [ʒɑ̃ti]	nett, liebenswürdig
	beaucoup de bagages [bokud(ə)bagaʒ]	viel Gepäck
	les bagages *m/pl* [lebagaʒ]	das Gepäck
	vous allez [vuzale]	Sie gehen, Sie fahren
	je vais [ʒ(ə)vɛ]	ich gehe, ich fahre
	chez des amis [ʃedezami]	zu Freunden, bei Freunden
	un ami [ɛ̃nami]	ein Freund
	à Bordeaux [abɔrdo]	nach Bordeaux, in Bordeaux
	Cela tombe bien. [s(ə)latõbəbjɛ̃]	Das trifft sich gut.
	moi [mwa]	ich *(betont)*
3C	Qu'est-ce que vous cherchez? [kɛskəvuʃɛrʃe]	Was suchen Sie?
	je cherche [ʒəʃɛrʃ]	ich suche
	le syndicat d'initiative [ləsɛ̃dikadinisjativ]	das Fremdenverkehrsamt
	C'est tout droit. [setudrwa]	Immer geradeaus.
	jusqu'à [ʒyska]	bis
	la place [laplas]	der Platz
	la comédie [lakɔmedi]	die Komödie
	ensuite [ɑ̃sɥit]	darauf, dann
	vous tournez [vuturne]	Sie wenden sich, Sie biegen ab
	à gauche [agoʃ]	nach links
	vous traversez [vutravɛrse]	Sie überqueren
	à droite [adrwat]	rechts
	merci beaucoup [mɛrsiboku]	vielen Dank
3E	l'avenue *f* [lavny]	die Avenue
	devant [d(ə)vɑ̃]	vor *(örtlich)*
	Pour aller . . ? [purale]	Wie kommt man . . .?
	(le palais de) la Bourse [ləpalɛd(ə)laburs]	die Börse
	grand [grɑ̃]	groß
	le théâtre [ləteatr(ə)]	das Theater
	la préfecture [laprefɛktyr]	die Präfektur
	en vacances [ɑ̃vakɑ̃s]	in Ferien
	en France [ɑ̃frɑ̃s]	in Frankreich, nach Frankreich
	Où allez-vous? [ualevu]	Wohin fahren Sie?
	une excursion [ynɛkskyrsjõ]	ein Ausflug, eine Fahrt
	en autocar [ɑ̃nɔ(o)tɔkar]	mit dem Bus
	l'autocar, le car [lɔ(o)tɔkar, ləkar]	der Reisebus
	dimanche *m* [dimɑ̃ʃ]	Sonntag
	9 juin (neuf) [nœfʒɥɛ̃]	9. Juni
	la Provence [laprɔvɑ̃s]	die Provence
	16 juin (seize) [sɛzʒɥɛ̃]	16. Juni
	la Camargue [lakamarg]	die Camargue *(Landschaft im Rhônedelta)*
3G	le prix, les prix [ləpri, lepri]	der Preis, die Preise
	le cognac [ləkɔɲak]	der Kognak
	le jus d'orange [ləʒydɔrɑ̃ʒ]	der Orangensaft
	une orange [ynɔrɑ̃ʒ]	eine Orange
	le jus de pamplemousse [ləʒydpɑ̃pləmus]	der Grapefruitsaft, der Pampelmusensaft

	le pamplemousse [ləpɑ̃pləmus]	die Grapefruit, die Pampelmuse
	la Kronenbourg [lakrɔnɑ̃bur]	*Bier aus der Brauerei Kronenbourg*
	la Carlsberg [lakarlsbɛrg]	*Bier aus der Brauerei Carlsberg*
	le Perrier [ləpɛrje]	Mineralwasser *(Marke)*
	la signature [lasiɲatyr]	die Unterschrift
	le client [ləklijɑ̃]	der Kunde
3L	la tête de station [latɛtdəstasjõ]	Taxistand, Anfang
	la tête [latɛt]	der Kopf
3M	Consultez les annonces. [kõsyltelezanõs]	Sehen Sie in den Annoncen nach.
	une auto [ynɔ(o)to]	ein Auto
	le pavillon [ləpavijõ]	das Einfamilienhaus, das Gartenhaus
	un instrument de musique [ɛ̃nɛ̃strymɑ̃d(ə)myzik]	ein Musikinstrument
	le box, les boxes [ləbɔks, lebɔks]	die Einzelgarage
	les antiquités *f/pl* [lezɑ̃tikite]	die Antiquitäten
	la dame de compagnie [ladamdəkõpaɲi]	die Gesellschaftsdame
	les dames de compagnie [ledamdəkõpaɲi]	die Gesellschaftsdamen
3N	le porte-monnaie [ləpɔrtmɔnɛ]	die Geldbörse
	les porte-monnaie [lepɔrtmɔnɛ]	die Geldbörsen
3P	la voiture-restaurant [lavwatyrrɛstɔrɑ̃]	der Speisewagen
	la cathédrale [lakatedral]	die Kathedrale

Lektion 4

4A	le mois [ləmwa] les mois [lemwa]	der Monat, die Monate
	au mois d'août [omwadu(t)]	im Monat August
	en août [ɑ̃nu(t)]	im August
	à l'épicerie *f* [alepisri]	im Lebensmittelgeschäft
	le magasin [ləmagazɛ̃]	das Geschäft, der Laden
	ouvert [uvɛr]	offen
	nous sommes [nusɔm]	wir sind
	en vacances *f/pl* [ɑ̃vakɑ̃s]	in Ferien, im Urlaub
	vous aussi [vuzosi]	Sie auch
	vous allez [vuzale]	Sie gehen, Sie fahren
	au bord de la mer [obɔrdlamɛr]	ans Meer
	nous allons [nuzalõ]	wir gehen, wir fahren
	dans l'Ardèche [dɑ̃lardɛʃ]	ins Ardèche *(Departement westl. v. Valence)*
	nous avons [nuzavõ]	wir haben
	la maison [lamɛzõ]	das Haus
	la boulangerie [labulɑ̃ʒri]	die Bäckerei
4B	le Français [ləfrɑ̃sɛ] les Français [lefrɑ̃sɛ]	der Franzose, die Franzosen
	la Française [lafrɑ̃sɛz]	die Französin
	un Français sur deux [ɛ̃frɑ̃sɛsyrdø]	jeder zweite Franzose
	50% (cinquante pour-cent) [sɛ̃kɑ̃tpursɑ̃]	50 Prozent
	Ils sont en vacances. [ilsõtɑ̃vakɑ̃s]	Sie sind in Ferien, im Urlaub.
	il y a [ilja]	es gibt
	la récession [laresesjõ]	die Rezession
	la hausse des prix [laosdepri]	die Preissteigerung
	ils partent [ilpart(ə)]	sie reisen ab, sie fahren weg

	quand même [kɑ̃mɛm]	trotzdem
	ils vont [ilvõ]	sie gehen, sie fahren
	à la campagne [alakɑ̃mpaɲ]	aufs Land
	sur la Côte [syrlakot]	an die Côte d'Azur
	ou [u]	oder
	en montagne [ɑ̃mõtaɲ]	in die Berge, ins Gebirge
	la montagne [lamõtaɲ]	der Berg
	beaucoup de familles [bokud(ə)famij]	viele Familien
	la famille [lafamij]	die Familie
	ils ont [ilzõ]	sie haben
	une résidence secondaire [ynrezidɑ̃sgõdɛr]	einen Zweitwohnsitz
	fermé [fɛrme]	geschlossen
	la grève [lagrɛv]	der Streik
	la faim [lafɛ̃]	der Hunger
	grève de la faim [grɛvd(ə)lafɛ̃]	Hungerstreik
	avoir faim [avwarfɛ̃]	Hunger haben
	la fermeture [lafɛrmətyr]	die Schließung
	le 1er août [ləprəmjɛru(t)]	am 1. August
	après le dîner [aprɛl(ə)dine]	nach dem Abendessen
	la réouverture [lareuvɛrtyr]	die Wiedereröffnung
	le 2 septembre [lədøsɛptɑ̃br(ə)]	am 2. September
4C	pas d'accord [pɑdakɔr]	nicht einverstanden
	le congé annuel [ləkõʒeanɥɛl]	der Jahresurlaub
	critiquer [kritike]	kritisieren
	le programme de télévision [ləprɔgramdətelevizjõ]	das Fernsehprogramm
	en juillet [ɑ̃ʒɥijɛ]	im Juli
	à la télé [alatele]	im Fernsehen
	on parle de . . . [õparldə]	man spricht von (über) . . .
	seulement [sœlmɑ̃]	nur
	maigre [mɛgr(ə)]	mager, dürftig
	Ils restent à la maison. [ilrɛstalamɛzõ]	Sie bleiben zu Hause.
	assez d'argent [asedarʒɑ̃]	genug Geld
	l'argent *m* [larʒɑ̃]	das Geld
	Tout le monde va à la mer. [tulmõdvaalamɛr]	Jeder fährt ans Meer.
	la seule distraction [lasœldistraksjõ]	die einzige Zerstreuung
	le soir [ləswar]	am Abend, abends
	on a [õna]	man hat
4D	vacances idéales [vakɑ̃sideal]	ideale Ferien
	Tu n'es pas bien? [tynɛpɑbjɛ̃]	Dir geht's wohl nicht gut?
	tu vas [tyva]	du gehst
	l'eau *f* [lo]	das Wasser
	Tu n'as pas peur? [tynapɑpœr]	Hast du nicht Angst?
	la peur [lapœr]	die Angst
	avoir peur [avwarpœr]	Angst haben
4E	chez vous [ʃevu]	bei Ihnen zu Hause
	un jour d'août [ɛ̃ʒurdu(t)]	ein Augusttag
	aux Tuileries *f/pl* [otɥilri]	in den Tuilerien *(Residenz und Park der frz. Könige in Paris)*

	la gastronomie [lagastronɔmi]	die Gastronomie, das Gaststättengewerbe
	Où manger? [umɑ̃ʒe]	Wo soll man essen?
	la rive droite [larivdrwat(ə)]	*das rechte Seineufer in Paris*
	l'arrondissement *m* [larõdismɑ̃]	der Stadtbezirk
	le samedi [ləsamdi]	am Samstag *(jeden Samstag)*
	le dimanche [lədimɑ̃ʃ]	am Sonntag *(jeden Sonntag)*
	le samedi midi [ləsamdimidi]	am Samstag mittag
4F	le premier, la première [ləprəmje, laprəmjɛr]	der erste, die erste, das erste
4M	le problème [ləprɔblɛm]	das Problem
4O	la plage de Cassis	der Strand von Cassis *(bei Marseille)*

Lektion 5

5A	les belles étrangères [lebɛlzetrɑ̃ʒɛr]	die hübschen Ausländerinnen
	un étranger [ɛ̃netrɑ̃ʒe]	ein Ausländer
	une étrangère [ynetrɑ̃ʒɛr]	eine Ausländerin
	le Parisien [ləparizjɛ̃]	der Pariser
	la Parisienne [laparizjɛn]	die Pariserin
	Ils sont partis. [ilsõparti]	Sie sind verreist.
	Il fait chaud. [ilfɛʃo]	Es ist heiß.
	désert, e [dezɛr, dezɛrt(ə)]	öde, verlassen
	là	da, dort
	Elles admirent Paris. [ɛlzadmirpari]	Sie bewundern Paris.
	Elles flânent. [ɛlflɑn]	Sie bummeln, schlendern umher.
	le jeune homme [ləʒœnɔm]	der junge Mann
	Il tente sa chance. [iltɑ̃t(ə)saʃɑ̃s]	Er versucht sein Glück.
	la chance [laʃɑ̃s]	das Glück
5B	pauvre [povr(ə)]	arm
	la jeune fille [laʒœnfij]	das Mädchen
	seul, e [sœl]	allein, einsam
	triste [trist(ə)]	traurig
	sans doute [sɑ̃dut]	zweifellos, sicher
	l'Américain [lamerikɛ̃]	der Amerikaner
	l'Américaine [lamerikɛn]	die Amerikanerin
	Qu'elle est grande! [kɛlɛgrɑ̃d]	Wie groß sie ist!
	grand, e [grɑ̃, grɑ̃d]	groß
	Elle rit. [ɛlri]	Sie lacht.
	l'Italien [litaljɛ̃]	der Italiener
	l'Italienne [litaljɛn]	die Italienerin
	pressé, e [prese]	eilig
	petit, e [p(ə)ti, it]	klein
	brun, e [brɛ̃, bryn]	braun, brünett, dunkelhaarig
	charmant, e [ʃarmɑ̃, ɑ̃t]	charmant, reizend
	l'Allemand [lalmɑ̃]	der Deutsche
	l'Allemande [lalmɑ̃d]	die Deutsche
	N'est-ce pas? [nɛspɑ]	Nichtwahr?
	elle aussi [ɛlosi]	sie auch
	Dommage! [dɔmaʒ]	Schade!

5D	Qu'en pensez-vous? [kɑ̃pɑ̃sevu]	Was meinen Sie? Was halten Sie davon?
	pas forcément [pɑfɔrsemɑ̃]	nicht unbedingt
	rond, e [rõ, rõd]	rund, mollig
	blond, e [blõ, blõd]	blond
	mince [mɛ̃s]	schlank
	un Anglais [ɛ̃nɑ̃glɛ]	ein Engländer
	une Anglaise [ynɑ̃glɛz]	eine Engländerin
5E	20 ans [vɛ̃tɑ̃]	20 Jahre
	le mètre [ləmɛtr(ə)]	das Meter, der Meter
	mignon, ne [miɲõ, ɔn]	allerliebst, niedlich, nett, hübsch
	moderne [mɔdɛrn(ə)] *m* und *f*	modern
	sérieux, se [serjø, øz]	seriös, aufrichtig, gediegen
	gai, e [ge]	fröhlich, lustig
	sans profession [sɑ̃prɔfɛsjõ]	ohne Beruf
	la profession [laprɔfɛsjõ]	der Beruf
	elle désire correspondre [ɛldezirkɔrɛspõdr(ə)]	sie möchte gerne korrespondieren
	avec [avɛk]	mit
	un an [ɛ̃nɑ̃]	ein Jahr
	fort, e [fɔr, fɔrt(ə)]	stark, kräftig
5F	bon, bonne [bõ, bɔn]	gut
	beau, belle [bo, bɛl]	schön
	ce sont [səsõ]	das sind
5H	un autobus [ɛ̃nɔ(o)tɔbys]	ein Bus
	les autobus [lezɔ(o)tɔbys]	die Busse
	la gare de l'Est [lagard(ə)lɛst]	der Ostbahnhof
	la gare du Nord [lagardynɔr]	der Nordbahnhof
5I	la nationalité [lanasjɔnalite]	die Nationalität, die Staatsangehörigkeit
5K	la parfumerie [laparfymri]	die Parfümerie
	le parfum [ləparfɛ̃]	das Parfüm
	un atomiseur [ɛ̃natɔmizœr]	ein Zerstäuber
	agréable [agreabl(ə)]	angenehm
	le flacon [ləflakõ]	das Fläschchen
5M	la pharmacie [lafarmasi]	die Apotheke
5O	les frites *f/pl* [lefrit]	die Pommes frites
5P	Oh, là, là! [olala]	*Ausruf der Überraschung*
	élégant, e [elegɑ̃, ɑ̃t]	elegant

Lektion 6

6A	A l'heure du Festival [alœrdyfɛstival]	zur Zeit der Festspiele
	le festival [ləfɛstival]	das Festspiel
	pendant [pɑ̃dɑ̃]	während
	la capitale [lakapital]	die Hauptstadt
	la jeunesse [laʒœnɛs]	die Jugend
	les jeunes *m/pl* [leʒœn]	die jungen Leute
	partout [partu]	überall
	le banc [ləbɑ̃]	die Bank *(zum Sitzen)*
	public, ique [pyblik]	öffentlich
	le bord du trottoir [ləbɔrdytrɔtwar]	der Rand des Bürgersteigs

	le trottoir [trɔtwar]	der Bürgersteig
	le fauteuil [ləfotœj]	der Sessel, der Lehnstuhl
	rencontrer [rɑ̃kɔ̃tre]	treffen
	d'autres jeunes [dotrəʒœn]	andere junge Leute
	la fête [lafɛt]	das Fest
6B	une interview [ynɛ̃tɛrvju]	ein Interview
	Est-ce que vous avez . . .? [ɛskəvuzave]	Haben Sie . . .?
	mesdemoiselles [medmwazɛl]	*Plural von mademoiselle*
	trop d'argent [trodarʒɑ̃]	zuviel Geld
	peu d'argent [pødarʒɑ̃]	wenig Geld
	habiter [abite]	wohnen
	nous habitons [nuzabitɔ̃]	wir wohnen
	le club, au club [ləklœb, oklœb]	der Klub, im Klub
	ça coûte [sakut]	das kostet
	coûter moins cher [mwɛ̃ʃɛr]	weniger kosten
	cher, chère [ʃɛr]	teuer, lieb
	la demi-pension [lad(ə)mipɑ̃sjɔ̃]	die Halbpension
	Ça va. [sava]	Das geht.
	Où habitez-vous? [uabitevu]	Wo wohnen Sie?
	une association [ynasɔsjɑsjɔ̃]	eine Vereinigung, ein Verein
	un bon accueil [ɛ̃bɔ̃nakœj]	ein guter Empfang
	A.J.A. (Association Jeunesse Accueil) [asɔsjɑsjɔ̃ʒœnɛsakœj]	*Verein, der billige Unterkünfte für junge Leute bereitstellt*
	coucher [kuʃe]	schlafen, übernachten
	la tente [latɑ̃t]	das Zelt
	collectif, ve [kɔl(l)ɛktif, iv]	gemeinschaftlich, Gemeinschafts-
	le lit de camp [ləlid(ə)kɑ̃]	das Feldbett
	On ne fait pas grand-chose. [ɔ̃nfɛpɑgrɑ̃ʃoz]	Man tut nicht viel. Wir tun nicht viel.
	avoir besoin de [avwarbəzwɛ̃də]	brauchen
	la baguette [labagɛt] (de pain)	*stangenförmiges Weißbrot*
	le pain [ləpɛ̃]	das Brot
	le cornet [ləkɔrnɛ]	die Tüte
	un cornet de frites [ɛ̃kɔrnɛd(ə)frit]	eine Tüte Pommes frites
	Ça suffit. [sasyfi]	Das genügt.
	quelquefois [kɛlkəfwa]	manchmal
	pour gagner [purgaɲe]	um zu verdienen
	un peu d'argent [ɛ̃pødarʒɑ̃]	ein wenig Geld
	travailler [travaije]	arbeiten
	le verger [ləvɛrʒe]	der Obstgarten
	bien sûr [bjɛ̃syr]	sicher, gewiß
	sûr, sûre [syr]	sicher
	la nuit [lanɥi]	die Nacht
6C	plutôt [plyto]	eher, lieber, vielmehr
	voyager en groupes [vwajaʒeɑ̃grup]	in Gruppen reisen
	le groupe [ləgrup]	die Gruppe
	toujours [tuʒur]	immer
	quel âge? [kɛlɑʒ]	welches Alter?
	l'âge *m* [lɑʒ]	das Alter
	Pourquoi? [purkwa]	Warum?

	quand [kɑ̃]	wenn (dann wenn)
	souvent [suvɑ̃]	oft
	la danse [ladɑ̃s]	der Tanz
	la musique [lamyzik]	die Musik
	le théâtre [ləteɑtr(ə)] musical	das Musiktheater
	le cinéma [ləsinema]	das Kino
	la rencontre [larɑ̃kõtr(ə)]	die Begegnung, das Zusammentreffen
	le renseignement [lərɑ̃sɛɲmɑ̃]	die Auskunft
	la location [lalɔkɑsjõ]	der Vorverkauf
	la maison du tourisme [lamɛzõdyturism(ə)]	das Verkehrsamt
6F	déjà [deʒa]	schon
	encore [ɑ̃kɔr]	noch
6G	près de [prɛd(ə)]	nahe bei, in der Nähe von
6H	le centre [ləsɑ̃tr(ə)]	das Zentrum
	une autoroute [ynɔ(o)tɔrut]	eine Autobahn
	le Rhône [ləron]	die Rhône
6I	le petit déjeuner [ləptideʒœne]	das Frühstück
	le menu [ləməny]	das Menü
	le repas [lər(ə)pɑ]	die Mahlzeit
6N	malheureux, se [malœrø, øz]	unglücklich
6O	le casino	das Spielkasino

Lektion 7

7A	la mode [lamɔd]	die Mode
	la jupe [laʒyp]	der Rock
	le pantalon [ləpɑ̃talõ]	die (lange) Hose
	la femme [lafam]	die Frau
	aimer [ɛme]	lieben, gern haben, mögen
	la robe [larɔb]	das Kleid
	long, longue [lõ, lõg]	lang
	préférer, je préfère [prefere, ʒ(ə)prefɛr]	bevorzugen, vorziehen
	parce que [parsk(ə)]	weil
	économiser [ekɔnɔmize]	sparen
	le collant [kɔlɑ̃]	die Strumpfhose
	les chaussures *f/pl* [leʃosyr]	die Schuhe
	elle dit [ɛldi]	sie sagt
	la mère [lamɛr]	die Mutter
	je trouve [ʒ(ə)truv]	ich finde
	trouver [truve]	finden
	plus pratique [plypratik]	praktischer
	pratique [pratik]	praktisch
7B	mesdames [medam]	*Plural von madame*
	messieurs [mesjø]	*Plural von monsieur*
	sportif, ive [spɔrtif, iv]	sportlich
	chic (unverändert in *f* und *pl*) [ʃik]	schick
	féminin, féminine [feminɛ̃, in]	weiblich
	porter [pɔrte]	tragen
	le vêtement, les vêtements [ləvɛtmɑ̃, levɛtmɑ̃]	das Kleidungsstück, die Kleider

7C	C'est bien votre taille. [sebjɛ̃vɔtrətɑj]	Das ist genau Ihre Größe.
	la taille [latɑj]	die Größe, die Kleidergröße, die Taille
	Pouvez-vous échanger . . .? [puvevueʃɑ̃ʒe]	Können Sie . . . umtauschen?
	ce pantalon [səpɑ̃talɔ̃]	diese Hose
	pourtant [purtɑ̃]	doch, dennoch
	ma taille [matɑj]	meine Größe
	beige [bɛʒ]	beige
	le beige ne va pas avec . . .	das Beige paßt nicht zu . . .
	le blazer [ləblɛzœr, ləblazɛr]	der Blazer
	mon blazer [mɔ̃blɛzœr]	mein Blazer
	bleu marine (unverändert in *f* und *pl*) [blømarin]	marineblau
	la couleur [lakulœr]	die Farbe
	Je ne sais pas. [ʒənsɛpɑ]	Ich weiß (es) nicht.
	gris, e [gri, griz]	grau
	peut-être [pøtɛtr(ə)]	vielleicht
	Comment trouvez-vous . . .? [kɔmɑ̃truvevu]	Wie finden Sie . . .?
	gris foncé (unverändert in *f* und *pl*) [grifɔ̃se]	dunkelgrau
	le même [ləmɛm]	der-, die-, dasselbe
	au même prix [omɛmpri]	zum selben Preis, kostet dasselbe
	de la même qualité [d(ə)lamɛmkalite]	in derselben Qualität
	C'est très bien. [setrɛbjɛ̃]	Das ist sehr gut (sehr schön).
7D	conserver [kɔ̃sɛrve]	aufbewahren, erhalten
	le ticket de caisse [lətikɛd(ə)kɛs]	der Kassenzettel
	un article [ɛ̃nartikl(ə)]	ein Artikel
	pour échanger	um . . . umzutauschen
	neuf, ve [nœf, nœv]	neu
	si [si]	wenn
	Que faire? [kəfɛr]	Was soll man machen?
	constater [kɔ̃state]	feststellen
	plus tard [plytar]	später
	tard [tar]	spät
	un imper(méable) [ɛ̃nɛ̃pɛrmeabl(ə)]	ein Regenmantel
	cet imper [sɛtɛ̃pɛr]	dieser Regenmantel
	court, e [kur, kurt(ə)]	kurz
	cette jupe [sɛtʒyp]	dieser Rock
	le blouson en cuir [ləbluzɔ̃ɑ̃kɥir]	die Lederjacke
	le cuir [ləkɥir]	das Leder
	les gants *m/pl* [legɑ̃]	die Handschuhe
	mes gants [megɑ̃]	meine Handschuhe
	le manteau [ləmɑ̃to] les manteaux	der Mantel, die Mäntel
	marron (unverändert in *f* und *pl*) [marɔ̃]	braun
	tarder [tarde]	zögern
	Ne tardez pas! [nətardepɑ]	Zögern Sie nicht? Zögert nicht!
	Faites vite! [fɛtvit]	Beeilen Sie sich! Beeilt euch!
	surtout [syrtu]	besonders
	le week-end [ləwikɛnd]	das Wochenende
	confectionner	herstellen, anfertigen
	le tissu	der Stoff

	la laine	die Wolle
7E	chez Giliane [ʃeʒiljan]	bei Giliane
	toute la collection [tutlakɔlɛksjõ]	die gesamte Kollektion
	la femme forte [lafamfɔrt(ə)]	die Vollschlanke
	un ensemble [ɛ̃nɑ̃sɑ̃bl(ə)]	ein Ensemble *(Kleiderkombination)*
	le tailleur [lətɑjœr]	das Kostüm
	le maillot de bain	der Badeanzug
	tous les jours [tuleʒur]	alle Tage
	sauf lundi matin [soflɛ̃dimatɛ̃]	außer Montag morgen
	le matin [ləmatɛ̃]	der Morgen
7F	bleu clair (unverändert in *f* und *pl*) [bløklɛr]	hellblau
	clair, e	hell, klar
7H	vos gants [vogɑ̃]	Ihre Handschuhe, eure Handschuhe
7I	Mon Dieu! [mõdjø]	Mein Gott!
7K	montrez [mõtre]	zeigen Sie, zeigt
	montrer [mõtre]	zeigen, herzeigen, vorzeigen
7M	essayer [eseje]	(an)probieren, versuchen
	le pyjama [piʒama]	der Schlafanzug
	demander le prix [d(ə)mɑ̃del(ə)pri]	nach dem Preis fragen
7N	j'aime bien [ʒɛmbjɛ̃]	ich mag gern, ich liebe
7O	jouer [ʒwe]	spielen
	le feu, les feux *pl* [ləfø, lefø]	das Feuer, die Verkehrsampel
7Q	les bas *m/pl* [lebɑ]	die Strümpfe

Lektion 8

8A	Hep! ['ɛp, hɛp]	Hallo!
	la station de taxis, les stations de taxis	der Taxistand
	Nous voilà. [nuvwala]	Hier sind wir.
	devant	vor *(örtlich)*
	l'enfant *m* oder *f*	das Kind
	nos enfants [nozɑ̃fɑ̃]	unsere Kinder
	appeler [aple]	rufen, herbeirufen
	nous appelons [nuzaplõ]	wir rufen
	le chien [ləʃjɛ̃]	der Hund
	son chien	sein Hund, ihr Hund
	avec lui [avɛklɥi]	bei sich
	sa voiture	sein Auto, ihr Auto
	Il ne veut pas de nous. [iln(ə)vøpɑd(ə)nu]	Er will nichts von uns wissen.
	Ça va?	Geht das? Alles in Ordnung?
	un autre taxi [ɛ̃notr(ə)taksi]	ein anderes Taxi
	mettez [mɛte]	legen Sie, stellen Sie, legt, stellt
	le coffre	der Kofferraum
8B	une arme	eine Waffe
	le chauffeur de taxi	der Taxifahrer
	chaque jour [ʃakʒur]	jeden Tag
	le journal, les journaux [ləʒurnal, leʒurno]	die Zeitung, die Zeitungen
	un attentat [ɛ̃natɑ̃ta]	ein Attentat
	contre [kõtr(ə)]	gegen

	le métier [ləmetje]	der Beruf, das Handwerk
	leur métier [lœrmetje]	ihr Beruf
	énervant, e	aufregend, nervenaufreibend
	dangereux, se [dɑ̃ʒrø, øz]	gefährlich
	brave	(vor Su.) rechtschaffen; (nach Su.) tapfer
	les gens *m/pl* [leʒɑ̃]	die Leute
	armé, e [arme]	bewaffnet
	leur taxi [lœrtaksi]	ihr Taxi
	Que peut . . .? [kəpø]	Was vermag . . .?
	le revolver [revɔlvɛr]	der Revolver
8C	regarder	ansehen, betrachten
	le mécanicien [ləmekanisjɛ̃]	der Mechaniker
	le boulanger	der Bäcker
	urgent, e [yrʒɑ̃, ɑ̃t]	dringend
	la serveuse [lasɛrvøz]	die Kellnerin, die Serviererin
	le programmeur [ləprɔgramœr]	der Programmierer
	l'électricien *m* [lelɛktrisjɛ̃]	der Elektriker
	l'électrotechnicien *m* [lelɛktrɔtɛknisjɛ̃]	der Elektrotechniker
8D	garder son calme	seine Ruhe bewahren
	J'appelle un taxi. [ʒapɛlɛ̃taksi]	Ich rufe ein Taxi.
	une femme au volant [ynfamovɔlɑ̃]	eine Frau am Steuer
	le tricot [lətriko]	das Strickzeug
	à côté d'elle [akotedɛl]	neben sich
	le Quartier Latin [ləkartjelatɛ̃]	*Universitätsviertel in Paris*
	le quartier [ləkartje]	das Viertel
	le feu rouge [ləføruʒ]	das Rotlicht
	passer au vert [paseovɛr]	auf grün schalten
	rejeter [rəʒəte]	zurückwerfen
	Elle rejette son tricot. [ɛlrəʒɛtsõtriko]	Sie wirft ihr Strickzeug wieder hin.
	Eh bien! [ebjɛ̃]	Nun!
8E	le problème	die Denkaufgabe
	vert, e [vɛr, vɛrt(ə)]	grün
	Je peux passer. [ʒ(ə)pøpɑse]	Ich kann vorbeifahren, durchfahren.
	le signal [ləsiɲal]	das Signal, das Zeichen
	un agent [ɛ̃naʒɑ̃]	ein Schutzmann
8F	le frère	der Bruder
	ton frère	dein Bruder
	la sœur [lasœr]	die Schwester
	ta sœur	deine Schwester
	notre hôtel [nɔtrotɛl]	unser Hotel
	nos bagages *m/pl* [nobagaʒ]	unser Gepäck
8G	le porte-monnaie [ləpɔrtmɔnɛ]	die Geldbörse
8K	le charme	Charme, Zauber, Reiz
	nerveux, se	nervös
8M	Elle aime tricoter.	Sie strickt gerne.
8O	la côtelette	das Kotelett
	les papiers *m/pl* [lepapje]	die (Ausweis)-Papiere; Papierfetzen
8P	présenter [presɑ̃te]	vorstellen
	le cousin [ləkuzɛ̃]	der Cousin, der Vetter

	la cousine [lakuzin]	die Kusine
8Q	en ce moment [ɑ̃smɔmɑ̃]	im Augenblick, zur Zeit

Lektion 9

9A	dîner	zu Abend essen
	sous les arbres [sulezarbr(ə)]	unter den Bäumen
	un arbre	ein Baum
	le chalet [ləʃalɛ]	das Holzhaus, die Hütte
	ils offrent [ilzɔfr(ə)]	sie bieten an
	le sandwich, les sandwiches [lə, le, sɑ̃dwitʃ]	das Sandwich
	le croque-monsieur, les croque-monsieur	*Schinken-Käse-Toast*
	le hot-dog, les hot-dogs	Hot-dog
	la viande [lavjɑ̃d]	das Fleisch
	froid, e [frwa, frwad]	kalt
	la salade	der Salat
	de . . . à	von . . . bis
	le jour	der Tag
	le temps [lətɑ̃]	das Wetter
	le zoo de Vincennes [ləzodəvɛ̃sɛn]	*Zoo im Südosten von Paris*
	une auberge	eine Herberge, eine Gastwirtschaft
	le parc zoologique [ləparkzɔɔlɔʒik]	der zoologische Garten
	le parc [ləpark]	der Parc
	le menu	das Menü
	la boisson [labwasõ]	das Getränk
	le service	die Bedienung
	service compris [sɛrviskõpri]	Bedienung inbegriffen
9B	le menu touristique [ləmənyturistik]	das Touristenmenü
	Vous avez choisi? [vuzaveʃwazi]	Haben Sie gewählt?
	je prends [ʒ(ə)prɑ̃]	ich nehme
	vous prenez [vuprəne]	Sie nehmen, ihr nehmt
	une assiette	ein Teller
	les crudités *f/pl*	Rohkost, Salate
	le pâté	die Pastete
	une entrecôte [ynɑ̃trəkot]	ein Lendenstück
	grillé, e [grije]	gegrillt
	le coq au vin [ləkɔkovɛ̃]	*Hähnchen in Wein gegart*
	saignant, e [sɛɲɑ̃, ɑ̃t]	nicht durchgebraten, blutend
	bien à point [bjɛ̃napwɛ̃]	gut durchgebraten, gar
	comme	als
	la garniture	die Beilage
	les haricots verts *m/pl* [learikovɛr]	die grünen Bohnen
	le vin	der Wein
	en pichet [ɑ̃piʃɛ]	im Krug, offen
	le pichet	der Krug
	le blanc [ləblɑ̃]	der Weißwein
	le rosé	der Roséwein
	le rouge	der Rotwein
	un demi-litre [ɛ̃d(ə)militr(ə)]	ein halber Liter

	le litre	der Liter
	un quart [ɛ̃kar]	ein Viertel
	C'est terminé? [setɛrmine]	Sind Sie fertig? Kann ich abtragen?
	le fromage	der Käse
	du fromage	Käse
	Qu'est-ce qu'il y a?	Was gibt es?
	le dessert [lədesɛr]	die Nachspeise
	la glace	das Eis
	la pâtisserie	der Kuchen, das Feingebäck
	le fruit [ləfrɥi]	die Frucht
	des fruits [defrɥi]	Obst
	la tarte	der Obstkuchen
	la pomme	der Apfel
	la tarte aux pommes [latartopɔm]	der Apfelkuchen
	le café	der Kaffee
	l'addition *f* [ladisjõ]	die Rechnung *(im Restaurant)*
9C	le jambon [ləʒãbõ]	der Schinken
	la pizza [lapidza]	die Pizza
	le soufflé	das Soufflé, der Auflauf
	glacé, e	gefroren
	la mousse au chocolat [lamusoʃɔkɔla]	die Schokoladencreme
	le chocolat	die Schokolade
	le thé simple [lətesɛ̃pl(ə)]	Tee allein
	simple	einfach
	le thé complet [lətekõplɛ]	komplettes Frühstück mit Tee
	complet, complète; (l'hôtel est complet)	vollständig; (das Hotel ist belegt)
	le lait	die Milch
	le citron	die Zitrone
	la tomate	die Tomate
	un ananas [ɛ̃nanana(s)]	eine Ananas
	une eau minérale	ein Mineralwasser
	un (une) Evian [ɛ̃nevjã]	*verschiedene Arten von Mineralwasser*
	un (une) Vichy [ɛ̃viʃi]	Evian, Vichy und Vittel werden *m* und
	un Perrier [ɛ̃pɛrje]	*w* gebraucht
	un (une) Vittel [ɛ̃vitɛl]	
9E	la surprise	die Überraschung
	Qu'est-ce qu'ils proposent?	Was bieten sie an?
	il propose	er bietet an
	la chaise	der Stuhl
	le bœuf [ləbœf]	der Ochse, das Rind
	le cochon	das Schwein
	la cochonnaille	Wurstwaren, Schweinefleisch *(umgangsspr.)*
9F	le kilo	das Kilo
	la tasse	die Tasse
	une livre	ein Pfund
9H	la halte [laalt(ə)]	die Haltestelle, die Pause, die Rast
	la haute couture [laotkutyr]	die führenden Modeschöpfer, Modehäuser
9K	la sauce [lasos]	die Soße

	un apéritif	ein Aperitif
9L	le garçon [ləgarsõ]	der Junge, der Kellner
	le demi-kilo	das halbe Kilo

Lektion 10

10A	un autobus [ɛ̃nɔ(o)tɔbys]	ein Autobus
	le musée	das Museum
	le Louvre [ləluvr]	der Louvre *(ehemalige königl. Residenz in Paris; heute Museum)*
	il faut	es ist nötig, man muß
	changer [ʃɑ̃ʒe]	umsteigen, vertauschen, wechseln
	passer [pɑse]	vorbeifahren, vorbeigehen
	Vous voulez visiter Paris?	Sie wollen Paris besichtigen?
	la prochaine fois [laprɔʃɛnfwa]	das nächste Mal
	prochain, e [prɔʃɛ̃, prɔʃɛn]	nächste(r, s) *(örtl. und zeitl.)*
	Prenez un carnet. [prəneɛ̃karnɛ]	Nehmen Sie ein Fahrscheinheft.
	Ça coûte moins cher que . . . [sakutmwɛ̃ʃɛrkə]	Das kostet weniger als . . .
	le ticket au détail [lətikɛodetaj]	der Einzelfahrschein
	on n'achète pas [õnaʃɛtpɑ]	man kann nicht kaufen
	acheter [aʃte]	kaufen
	Où donc alors? [udõkalɔr]	Wo (denn) dann?
	le terminus [lətɛrminys]	die Endstation
	la station de métro	die Metrostation, die U-Bahnstation
	le métro	*die Pariser Untergrundbahn*
	dans quelques tabacs *m* [dɑ̃kɛlkətaba]	in einigen Tabakläden; *nur in den* «tabacs» *gibt es Tabak und Streichhölzer.*
	la porte	das Tor, die Tür
	une église	eine Kirche
	un hôpital [ɛ̃nɔ(o)pital]	ein Krankenhaus
	malade	krank
	la mairie [lamɛri]	das Rathaus, die Gemeindekanzlei
	le lycée	das Gymnasium
10B	intoxiqué par [ɛ̃tɔksikepar]	vergiftet durch
	le gaz d'échappement, les gaz *pl* [ləgaz, legaz]	das Auspuffgas, die Gase
	un soir	eines Abends
	un embouteillage [ɛ̃nɑ̃butɛjaʒ]	ein Verkehrsstau
	la police	die Polizei
	arrêter [arɛte]	anhalten
	un automobiliste	ein Autofahrer
	qui [ki] *(Relativpron.)*	der, die, das; welcher, welche, welches
	sembler	scheinen
	complètement	vollständig
	ivre	betrunken
	La police fait un alcootest. [. . . fɛtɛ̃nalkɔtɛst]	Die Polizei macht einen Alkoholtest.
	le résultat [lərezylta]	das Resultat, das Ergebnis
	l'alcool *m* [lalkɔl]	der Alkohol
	l'heure de pointe [lœrdəpwɛ̃t]	die Stoßzeit

	il faut prendre [ilfoprɑ̃dr(ə)]	man muß nehmen
	le moyen de transport [ləmwajɛ̃dətrɑ̃spɔr]	das Verkehrsmittel
	le transport [lətrɑ̃spɔr]	der Transport
	rapide	schnell
	le visiteur	der Besucher
	la meilleure vue [lamɛjœrvy]	der beste Ausblick
10C	la ligne [laliɲ]	die Linie
	confortable	bequem
	Je veux regarder Paris. [ʒ(ə)vørəgardepari]	Ich will mir Paris ansehen.
	le vélo	das Fahrrad
	la moto [lamɔto]	das Motorrad
	le tram(way) [lətram(wɛ)]	die Straßenbahn
	aller à pied [aleapje]	zu Fuß gehen
10G	prendre son bain [prɑ̃dr(ə)sõbɛ̃]	sein Bad nehmen
10H	la nationale [lanasjɔnal]	*entspricht der dt. Bundesstraße*
	le melon	die Melone
10I	le pourboire [ləpurbwar]	das Trinkgeld
10K	le meuble [ləmœbl(ə)]	das Möbelstück
	le choix [ləʃwa]	die Wahl, die Auswahl
	bas, basse [bɑ, bɑs]	niedrig
	le sud-est [ləsydɛst]	der Südosten
10L	amusant, e	amüsant, unterhaltend, vergnüglich
	le professeur [ləprɔfɛsœr]	der Professor, der Lehrer am Gymnasium
	la radio	das Radio
10N	la surface	die Oberfläche
	calme	ruhig, still
	blanc, blanche [blɑ̃, blɑ̃ʃ]	weiß
	noir, e [nwar]	schwarz
10O	être en panne	eine Störung, eine Panne haben
	arriver	ankommen
	demain [d(ə)mɛ̃]	morgen
	le tee-shirt	das T-shirt
	joli, e [ʒɔli]	hübsch
	haut, e ['o, 'ot]	hoch
10P	la place Pigalle	*Platz auf dem Montmartre*
	le parking souterrain	die Tiefgarage

Lektion 11

11A	la vie	das Leben
	facile	leicht
	le matin	der Morgen, am Morgen, morgens
	le client [ləklijɑ̃]	der Kunde
	quelques clients	einige Gäste
	le bistrot [ləbistro]	die Kneipe, das Café
	un ouvrier, une ouvrière [ɛ̃nuvrije, ynuvrijɛr]	ein Arbeiter, eine Arbeiterin
	avant	vor *(zeitlich)*

le travail [lətravaj]	die Arbeit
j'entends [ʒɑ̃tɑ̃]	ich höre
un petit noir	ein kleiner schwarzer Kaffee
un (café) crème	ein Kaffee mit Sahne
le calva(dos)	Branntwein aus Apfelwein
un petit blanc	ein kleines Glas Weißwein
la bière [labjɛr]	das Bier
il rend [ilrɑ̃]	er gibt zurück
la monnaie [lamɔnɛ]	das Kleingeld, das Wechselgeld
le mot [ləmo]	das Wort
la mirabelle	Mirabellenlikör
quelque chose de bon [kɛlkəʃozdəbõ]	etwas Gutes
ranger	ordnen, weg-, aufräumen
la bouteille [labutɛj]	die Flasche
il entend [ilɑ̃tɑ̃]	er hört
la même chose [lamɛmʃoz]	dasselbe
Vous en prenez deux? [vuzɑ̃prənedø]	Nehmen Sie zwei?
tous les matins [tulematɛ̃]	jeden Morgen
il répond [ilrepõ]	er antwortet
On dit que . . . [õdikə]	Man sagt, daß . . .
tuer	töten
en tout cas [ɑ̃tuka]	auf jeden Fall
la santé	die Gesundheit
la saloperie [lasalɔpri]	die Schweinerei *(umgangssprachlich)*
la fumée	der Rauch
une usine	eine Fabrik
entre midi et 14 heures	zwischen Mittag und 14 Uhr
le midi, le Midi	der Mittag, der Süden
une orgie [ynɔrʒi]	eine Orgie
un œuf, les œufs [ɛ̃nœf, lezø]	ein Ei
dur, e	hart
emporter	mitnehmen
le casse-croûte, les casse-croûte	der Imbiß
la pause	die Pause
durer	dauern
ne . . . que	nur
puis [pɥi]	dann
les affaires *f/pl* [lezafɛr]	die Sachen
il attend [ilatɑ̃]	er wartet auf
rituel, le [ritɥɛl]	rituell
Allez!	Geht! Los!
On va attaquer . . .	Wir werden . . . in Angriff nehmen
attaquer	in Angriff nehmen, angreifen
le mur	die Mauer, die Wand
le patron	der Arbeitgeber, der Meister
le soir	am Abend, abends
retrouver	wiederfinden
sa femme	seine Frau (Ehefrau)
la fille [lafij]	die Tochter

	il met [ilmɛ]	er zieht an
	vieux, vieille [vjø, vjɛj]	alt
	le pull [ləpyl]	Pullover
	les pantoufles *f/pl*	die Pantoffeln
	à cet instant [asɛtɛ̃stɑ̃]	in diesem Augenblick
	un instant	ein Augenblick
	couper	durchschneiden, unterbrechen, abbrechen
	le pont	die Brücke
	préparer	vorbereiten, zubereiten
	bref, brève [brɛf, brɛv]	kurz
	une omelette	ein Omelett
	les épinards *m/pl* [lezepinar]	der Spinat
	les spaghettis *m/pl*	die Spaghetti
	le camembert [ləkamɑ̃bɛr]	der Camembert
	le yaourt [ləjaur]	der Joghurt
	presque [prɛsk(ə)]	beinahe, fast
	jamais, ne . . . jamais [ʒamɛ]	nie, niemals
	cher, chère [ʃɛr]	teuer, lieb
	debout [dəbu]	stehend
	la cuisine [lakɥizin]	die Küche
	Je mange tout. [ʒəmɑ̃ʒtu]	Ich esse alles.
	la boîte [labwat]	die Dose, die Büchse, die Konservendose
	détester	verabscheuen, hassen
	faire la vaisselle	abspülen, das Geschirr spülen
11 B	le bâtiment	der Bau, das Gebäude
	le maçon [ləmasɔ̃]	der Maurer
	qualifié, e	gelernt
	une offre	ein Angebot
	un emploi [ɛ̃nɑ̃plwa]	eine Anstellung, eine Stelle
	le livreur	der Auslieferer
	se présenter	sich vorstellen
11 C	descendre [desɑ̃dr(ə)]	heruntersteigen, aussteigen
11 D	un heureux événement [ɛ̃nœrøzevɛnmɑ̃]	ein freudiges Ereignis
	heureux, se [œrø, øz]	glücklich
	depuis longtemps [dəpɥilɔ̃tɑ̃]	seit langer Zeit
11 E	le paquet	das Paket
	monter	steigen, hinaufsteigen, einsteigen
11 F	mettre [mɛtr(ə)]	stellen, setzen, legen *(Kleider)* anziehen
	se mettre du parfum	sich parfümieren
	mettre la table	den Tisch decken
11 H	danser	tanzen
	le pique-nique	das Picknick
11 I	le supermarché	der Supermarkt
11 K	la minute	die Minute
	le spectacle	das Schauspiel, die Vorstellung
	la semaine	die Woche
	le cabaret	das Kabarett
11 M	Vous avez l'heure?	Wie spät ist es?
	minuit *m* [minɥi]	Mitternacht, zwölf Uhr nachts

11N	Redoublez de prudence. *f*	Vorsichtiger fahren! (Verdoppeln Sie die Vorsicht)
11O	Combien de temps met le Mistral?	Wie lange (wieviel Zeit) braucht der Mistral?

Lektion 12

12A	le piéton [ləpjetõ]	der Fußgänger
	l'urbaniste *m*	der Städteplaner
	tout à fait [tutafɛ]	ganz und gar, völlig
	de votre avis [dəvɔtravi]	Ihrer Meinung
	l'avis *m*	die Meinung, die Ansicht
	on peut [õpø]	man kann
	ne . . . plus	nicht mehr
	respirer	atmen
	la circulation	der Verkehr
	la pollution	die Verschmutzung
	l'air *m*	die Luft
	vraiment	wirklich
	pour cela	aus diesem Grunde, deshalb
	tant de gens	so viele Leute
	quitter	verlassen
	ils choisissent [ilʃwazis]	sie wählen
	les environs *m/pl*	die Umgebung
	toutes sortes	alle Arten
	les courses *f/pl*	die Einkäufe
	tranquille [trɑ̃kil] *m* und *f*	ruhig, in Ruhe
	la zone piétonne (piétonnière)	die Fußgängerzone
	en général	im allgemeinen
	ça réussit [sareysi]	das gelingt
	fini	beendet, Schluß mit
	être à	gehören
12B	l'enfer *m*	die Hölle
	le paradis piétonnier [ləparadipjetɔnje]	das Fußgängerparadies
	un habitant [ɛ̃nabitɑ̃]	ein Bewohner, ein Einwohner
	ils se réunissent [ilsəreynis]	sie vereinigen sich, sie versammeln sich
	pour protester	um zu protestieren
	le bruit [ləbrɥi]	der Lärm
	la fureur [lafyrœr]	die Raserei
	il grandit	er wächst, er nimmt zu
	de jour en jour	von Tag zu Tag
	le moteur	der Motor
	frapper	schlagen, klopfen
	la nuit [lanɥi]	die Nacht
	le tam-tam [lətamtam]	das Tamtam *(Trommel)*
	hurler	heulen, brüllen
	la chanson	das Lied
	à la place	anstelle
	un ivrogne [ɛ̃nivrɔɲ]	ein Betrunkener

	la cour	der Hof
	un immeuble [ɛ̃nim(m)œbl(ə)]	ein Mietshaus, ein Wohnhaus
	le W.-C. [ləvese]	das W.C.
	fermer	schließen, *hier:* sperren
	la chaîne	die Kette
	même	selbst, sogar
	le bac	der Trog
	la fleur	die Blume
	ils réfléchissent [ilrefleʃis]	sie denken nach
	agir [aʒir]	handeln
	une agglomération	eine geschlossene Ortschaft; eine Anhäufung
	Ralentissons! [ralɑ̃tisõ]	Fahren wir langsamer!
12C	penser à	denken an
	la bibliothèque	die Bibliothek
	les distractions *f/pl*	die Unterhaltung, der Zeitvertreib
	le centre commercial, les centres commerciaux	das Einkaufszentrum, die Einkaufszentren
	entièrement climatisé, e	vollständig klimatisiert
	la banque	die Bank *(Geldinstitut)*
	l'ombre *f*	der Schatten
	la campagne	der Feldzug, die Kampagne
	national, e	national, staatlich
	le ministère	das Ministerium
	la qualité de la vie	die Lebensqualität
12D	boire	trinken
	conduire	autofahren
12E	la toile [latwal]	das Gemälde, die Leinwand
	C'est par mer un peu forte que tu réussis tes meilleures toiles.	Bei bewegter See gelingen dir deine besten Bilder.
	Attention! *f*	Vorsicht!
	la centrale nucléaire	das Kernkraftwerk
12F	la discussion	die Diskussion, der Meinungsaustausch
	le plat	das Gericht *(Essen)*
	finir un plat	ausessen, aufessen
12H	le médicament	die Arznei, das Medikament
	prendre des photos *f/pl*	Aufnahmen machen
12K	le départ	die Abfahrt
	la direction	die Richtung
12L	le film policier	der Kriminalfilm
	l'industrie *f*	die Industrie
	la centrale nucléaire	das Atomkraftwerk
12N	la prière	die Bitte
	stationner	parken
	la sortie	der Ausgang, die Ausfahrt
	par mois	monatlich
12O	la réponse	die Antwort
	dans le bon ordre [dɑ̃l(ə)bõnɔrdr(ə)]	in der richtigen Reihenfolge
12Q	la lettre	der Buchstabe
	commun, commune [kɔmɛ̃, yn]	gemeinsam

13A	le correspondant	der Briefpartner
	simple	einfach
	aimant la lecture	der die Lektüre liebt, der gerne liest
	le voyage	die Reise
	sympa (sympathique) [sɛ̃pa, sɛ̃patik]	sympathisch
13B	Munich [mynik]	München
	le 8 mars [ləɥi(t)mars]	den 8. März *(im Frz. steht die Grundzahl)*
	Cher Monsieur,	Sehr geehrter Herr . . .,
	le Nouvel Observateur [lənuvɛlɔpsɛrvatœr]	*eine Wochenzeitschrift*
	j'ai acheté [ʒeaʃte]	ich habe gekauft
	le dernier, la dernière	der, die, das letzte
	le séjour	der Aufenthalt
	il y a trois semaines	vor drei Wochen
	je voudrais (bien) [ʒəvudrɛbjɛ̃]	ich würde (sehr) gerne, ich möchte
	apprendre (*wie prendre* 10G)	lernen
	mieux [mjø] *(Adverb)*	besser
	le français	die französische Sprache, Französisch
	J'aime beaucoup votre pays.	Ich liebe Ihr Land sehr.
	le pays [ləpei]	das Land, die Heimat
	J'y suis allé(e). [ʒisɥizale]	Ich bin dorthin gefahren.
	une fois [ynfwa]	einmal
	la Bourgogne [laburgɔɲ]	die Burgund
	J'y suis resté, e. [ʒisɥirɛste]	Ich bin dort geblieben.
	comme vous	wie Sie
	ci-joint [siʒwɛ̃]	beiliegend
	la photo	das Photo
	amitiés *f/pl*	viele Grüße
13C	La Grande Motte	*Ferienort und Yachthafen östl. v. Montpellier; gegründet in den 60er Jahren*
	le 7 avril [ləsɛtavril]	den 7. April
	je vous remercie de	ich danke Ihnen für
	la lettre	der Brief
	plus tôt	eher, früher
	Vous n'avez pas fait de fautes. [vunavepɑfɛdfot]	Sie haben keine Fehler gemacht.
	la faute [lafot]	der Fehler
	j'ai appris [ʒeapri]	ich habe gelernt
	une école	eine Schule
	pas encore [pɑ(z)ɑ̃kɔr]	noch nicht
	le bac(calauréat) [ləbak, ləbakalɔrea]	das Abitur
	J'ai passé mon bac.	Ich habe mein Abitur gemacht.
	je suis entré, e [ʒəsyizɑ̃tre]	ich bin eingetreten
	entrer	eintreten
	la fac(ulté) de droit	die juristische Fakultät
	j'ai été	ich bin gewesen
	un étudiant, une étudiante	ein Student, eine Studentin
	les études *f/pl*	das Studium

	J'en ai eu assez. [ʒɑ̃neyase]	Ich hatte genug davon. Ich hatte es satt.
	le candidat	der Kandidat, der Bewerber
	le poste	der Posten, die Stelle, die Stellung
	un examen [ɛ̃nɛgzamɛ̃]	ein Examen
	faible	schwach, gering
	maintenant [mɛ̃tnɑ̃]	jetzt
	comme garçon	als Kellner
	le Frantel [ləfrɑ̃tɛl]	*franz. Hotelkette*
	Ça me plaît. [samplɛ]	Das gefällt mir.
	Il y a toujours du monde.	Es sind immer Leute da.
	Ça paye bien. [sapɛjbjɛ̃]	Das macht sich bezahlt. Es bringt etwas ein.
	A bientôt de vos nouvelles	In der Hoffnung, bald von Ihnen zu hören
	la région	die Gegend
13D	Vous avez compris? [vuzavekõpri]	Haben Sie verstanden?
	Quand?	Wann?
13E	à l'étranger *m*	im Ausland, ins Ausland
	en Italie *f*	in Italien, nach Italien
	en Angleterre *f*	in England, nach England
	en Espagne *f* [ɑ̃nɛspaɲ]	in Spanien, nach Spanien
	en Hollande *f* [ɑ̃ɔlɑ̃d]	in Holland, nach Holland
	en Belgique *f* [ɑ̃bɛlʒik]	in Belgien, nach Belgien
	en Amérique *f* [ɑ̃namerik]	in Amerika, nach Amerika
	à Rome [arɔm]	in Rom, nach Rom
	l'année dernière	letztes Jahr
	le camping [ləkɑ̃piŋ]	das Zelten
	un avion [ɛ̃navjõ]	ein Flugzeug
	faire du stop	per Anhalter fahren
	la langue étrangère	die Fremdsprache
	l'alpinisme *m* [lalpinism(ə)]	der Bergsport
	le ski [ləski]	das Skifahren
	faire de la moto (du vélo)	Motorrad (Rad) fahren
	la pêche [lapɛʃ]	das Fischen
	la musique classique	die klassische Musik
	le jazz [lədʒaz]	der Jazz
	le bricolage	das Basteln
13F	la ceinture de sécurité [lasɛ̃tyrdəsekyrite]	der Sicherheitsgurt
	la sécurité	die Sicherheit
	Papa est parti.	Papa ist weggegangen.
	voir	sehen
	rentrer	zurückkehren, zurückkommen
	comprendre *(wie prendre 10G)*	verstehen
13G	sincère	aufrichtig
13H	le texte	der Text
	après	nachher
	jouer au loto	im Lotto spielen
	continuer	fortfahren
13K	gagner	gewinnen
	la tour Eiffel	der Eiffelturm
13L	le bifteck	das Beefsteak

13N	la date	das Datum
	la Pentecôte [lapãtkot]	Pfingsten
	lundi de Pentecôte	Pfingstmontag
	la fête des pères	der Vatertag
	le père	der Vater
	l'été *m*	der Sommer
	Quel jour sommes-nous aujourd'hui? [oʒurdɥi]	Welchen Tag haben wir heute?
	Quand commence . . .?	Wann beginnt . . .?
	Quand êtes-vous né(e)?	Wann sind Sie geboren?
13O	le livre	das Buch
13P	la cravate	die Krawatte
	la chemise	das Hemd
	le costume	der Anzug
	le tergal	Tergal *(synthetischer Stoff)*

Lektion 14

14A	le psychotest [ləpsikɔtɛst]	der Psychotest
	la croix [lakrwa]	das Kreuz
	chaque fois [ʃakfwa] que	jedesmal wenn
	riche	reich
	malhonnête	unehrlich, unredlich
	mériter	verdienen
	Ils l'ont mérité.	Sie haben es verdient.
	la manière	die Art, die Weise
	le quartier [ləkartje]	das Stadtviertel
	le commerçant	der Geschäftsmann
	que je connais [kəʒkɔnɛ]	die (den) ich kenne
	qui me connaissent [kimkɔnɛs]	die mich kennen
	profiter	profitieren, ausnutzen
	les soldes *m/pl*	der Ausverkauf
	un objet [ɛ̃nɔbʒɛ]	ein Gegenstand
	certain, certaine [sɛrtɛ̃, sɛrtɛn]	gewiß, sicher
	la valeur	der Wert
	Je le donne. [ʒəldɔn]	Ich gebe es her.
	donner	geben
	revendre	wiederverkaufen
	le coin [ləkwɛ̃]	die Ecke
	oublier	vergessen
	le pourboire	das Trinkgeld
	oser	wagen, den Mut haben
	le billet de 10 francs [ləbijɛdədifrã]	der Zehnfrankenschein
	le portefeuille [ləpɔrtəfœj]	die Brieftasche
	la catégorie	die Kategorie, die Art
	à peu près	ungefähr
	la somme	die Summe
	sur moi	bei mir
	en banque	auf der Bank

	payer	(be)zahlen
	le plus souvent	meist
	le chèque	der Scheck
	la carte de crédit	die Kreditkarte
	recompter [rəkõte]	nachzählen, nachrechnen
	estimer	(ab)schätzen
	faire les comptes *m/pl* [fɛrlekõt]	die Abrechnung machen
	noter	notieren, vermerken
	les dépenses *f/pl*	die Ausgaben
	le carnet	das Notizbuch
14B	la solution	die Lösung
	plus de	mehr als
	le point	der Punkt
	généreux, se	großzügig, freigebig
	économe	sparsam
	l'ennui *m* [lɑ̃nɥi]	der Kummer, die Sorge
	moins de [mwɛ̃də]	weniger als
	rien [rjɛ̃]	nichts
	pour rien	umsonst
	l'argent comptant [larʒɑ̃kõtɑ̃]	das Bargeld
	la différence	der Unterschied
14E	le courrier [ləkurje]	die Post (Postsachen)
	remettre à neuf [rəmɛtranœf]	instandsetzen, überholen
14F	connaître	kennen, kennenlernen, erkennen
14H	la fourchette	die Gabel
14J	les meubles de style *m*	die Stilmöbel
14K	intéressant, e	interessant
14L	faire mal	weh tun
	Faites comme chez vous.	Fühlen Sie sich wie zu Hause.
14M	le compliment	das Kompliment
	un exercice [ɛ̃nɛgzɛrsis]	eine Übung
	le kilomètre	der Kilometer
	le mari	der Ehemann
14O	la vitrine	das Schaufenster, die Vitrine
	Ainsi donc, c'est vous . . .?	Das sind also Sie . . .?
	vieux, vieille [vjø, vjɛj]	alt
	faire la classe	unterrichten
	le fils [ləfis]	der Sohn
14P	la route	die Landstraße
	le parcmètre	die Parkuhr
	Vous avez la monnaie de 10 F?	Haben Sie für 10 F Wechselgeld?

Lektion 15

15A	l'autre dimanche	letzten Sonntag
	raconter	erzählen
	le couple	das Paar
	un couple d'amis	ein befreundetes Ehepaar
	le déjeuner	das Mittagessen

traîner	sich hinziehen, lange dauern
le milieu	die Mitte, das Milieu
un après-midi	ein Nachmittag
comme d'habitude [kɔmdabityd]	wie üblich
le mari	der Ehemann
Vous n'allez pas partir comme ça!	Ihr werdet doch jetzt nicht schon gehen!
partir	weggehen, wegfahren, verreisen, aufbrechen
On va finir les restes.	Wir werden die Reste aufessen.
le reste	der Rest
tout de suite [tutsɥit]	sofort, auf der Stelle
Ça y est! [saiɛ]	Jetzt haben wir's! Es ist soweit.
On est bons . . .	Jetzt sitzen wir da *(umgangssprachlich)*
Ça n'a pas raté.	So ist es auch gekommen. So war's dann auch.
rater	fehlschlagen, verfehlen, verpassen
le repos [lər(ə)po]	die Ruhe
un jour de repos	ein Ruhetag
le même rôle qu'autrefois [ləmɛmrolkotrəfwa]	dieselbe Rolle wie früher
livrer	liefern
de moins en moins [dəmwɛ̃zɑ̃mwɛ̃]	immer weniger
le dimanche matin	am Sonntag morgen
le boucher	der Fleischer, der Metzger
la boucherie	die Metzgerei
le charcutier	der Wurstwarenhändler *(dt. auch Metzger)*
la charcuterie	die Metzgerei *(Wurstwarenhandlung)*
parisien, parisienne [parizjɛ̃, jɛn]	Pariser, aus Paris
cuisiner [kɥizine]	kochen
ils tiennent [iltjɛn]	sie halten
tenir	halten
assurer	versichern
je vous assure [ʒəvuzasyr]	ich versichere Ihnen
C'est pas la peine.	Es ist nicht der Mühe wert.
nous dit un épicier	sagt uns ein Lebensmittelhändler
Ils m'ont quitté.	Sie haben mich verlassen.
Ils me disent bonjour.	Sie grüßen mich.
dire	sagen
ils reviennent [ilrəvjɛn]	sie kommen zurück, wieder
(re)venir [rəvnir]	(zurück)kommen, (wieder)kommen
le pot [ləpo]	der Topf
la moutarde	der Senf
le lait [ləlɛ]	die Milch
15B le loisir [ləlwazir]	die Muße, die Freizeitgestaltung
le pêcheur	der Fischer
le ver	der Wurm
le distributeur automatique	der Automat
la pétanque	*Kugelspiel*
le jeu	das Spiel
la boule	die Kugel

	le jeu de boules	das Kugelspiel	
	provençal, e [prɔvɑ̃sal]	provenzalisch	
	en principe [ɑ̃prɛ̃sip]	im Prinzip	
	une activité	eine Tätigkeit	
	pointer [pwɛ̃te]	zielen	
	lancer	werfen, schleudern	
	aussi près que possible	so nahe wie möglich	
	en bois *m* [ɑ̃bwa]	aus Holz	
	le bouchon	der Kork, der Pfropfen	*Bezeichnungen*
	le cochonnet [ləkɔʃɔnɛ]	das Schweinchen	*für d. kl. Kugel*
	le petit [ləp(ə)ti]	der Kleine	*beim Pétanque.*
	il essaie [ilesɛ]	er versucht	
	essayer [eseje]	versuchen	
	tirer	ziehen, schießen; *hier:* wegschießen	
	chasser	verjagen, wegjagen	
	sa propre boule	seine eigene Kugel	
	le tir aux pigeons [lətiropiʒɔ̃]	das Tontaubenschießen	
	le pigeon	die Taube	
	le disque	die Scheibe, die (Schall)platte	
	catapulter	katapultieren, schleudern	
	Il vient de tirer. [ilvjɛ̃d(ə)tire]	Er hat soeben geschossen.	
15D	mauvais, e	schlecht, schlimm	
	A quoi pensez-vous? [akwapɑ̃sevu]	Woran denken Sie? Woran denkt ihr?	
	téléphoner	telephonieren	
	bricoler	basteln	
	jouer aux cartes	Karten spielen	
15F	Qui vous a dit ça?	Wer hat Ihnen (euch) das gesagt?	
15G	un œuf à la coque [ɛ̃nœfalakɔk]	ein weichgekochtes Ei	
	la coque	die Schale	
15H	dimanche prochain	nächsten Sonntag	
15I	extravagant, e [ɛgztravagɑ̃, ɑ̃t]	extravagant	
15M	une bonne affaire	ein gutes Geschäft	
	une image	ein Bild	
	une voiture d'occasion	ein Gebrauchtwagen	
	une occasion	eine Gelegenheit	
	la main	die Hand	
	faire la fête	feiern	
	le siècle	das Jahrhundert	
	une histoire	eine Geschichte	
15O	c'est pourquoi	deshalb	
15P	le maire	der Bürgermeister	

Lektion 16

16A	le crime	das Verbrechen
	étrange	seltsam, sonderbar
	le drogué [lədrɔge]	der Rauschgiftsüchtige
	la balle	die Kugel
	un amant	ein Liebhaber

dit Yan	genannt Yan
bourgeois, e [burʒwa, waz]	bürgerlich
elle découvre	sie entdeckt
découvrir	entdecken
la drogue	die Droge, das Rauschgift
d'abord	zuerst
la psychologie [lapsikɔlɔʒi]	die Psychologie
vrai, e	wahr, wirklich
la passion	die Leidenschaft
une époque	eine Epoche, ein Zeitabschnitt
à l'époque	zu der Zeit
Saint-Germain-des-Prés [sɛ̃ʒɛrmɛ̃depre]	*Kirche und Stadtviertel in Paris*
tâter de la guitare	auf der Gitarre herumzupfen
la guitare	die Gitarre
rien que beau	nichts als schön
décider	beschließen, entscheiden
vivre	leben
ensemble	zusammen
elle leur apporte [ɛllœrapɔrt(ə)]	es bringt ihnen
apporter	bringen
souhaiter [swete]	wünschen
un jour	eines Tages
voler [vɔle]	stehlen
la chose	die Sache, das Ding
tourner mal	schlecht ausgehen
Elle prend tout sur elle.	Sie nimmt alles auf sich.
la prison	das Gefängnis
aller en prison	ins Gefängnis gehen
quelques mois après	einige Monate später
un nouveau vol	ein neuer Diebstahl
un accident	ein Unfall
filer	abhauen, sich aus dem Staub machen
encore une fois	noch einmal, wieder einmal
à sa sortie	bei ihrer Entlassung
il lui offre [illɥiɔfr(ə)]	er bietet ihr an, er schenkt ihr
offrir	anbieten, schenken
superbe	herrlich, wundervoll
le manteau de cuir	der Ledermantel
Elle ne lui pardonne pas.	Sie verzeiht ihm nicht.
pardonner	verzeihen
dégoûtant, e	ekelhaft, widerlich
le raté	der Versager
tromper	betrügen, täuschen
sur sa personne même	in bezug auf seine eigene Person
C'est grave.	Das ist schlimm.
16C caractériser	charakterisieren
le conducteur	der Fahrer
une adresse	eine Adresse
la scène [sɛn]	die Szene

16G	tu lui donnes	du gibst ihm
	chéri(e)	Liebling
	le (la) collègue	der Kollege, die Kollegin
16H	ouvrir	öffnen
16I	ce que	(das) was
16L	si	ja, doch *(beteuernd)*
	la fenêtre [lafnɛtr(ə)]	das Fenster
	commander	bestellen
	quand [kɑ̃]	als
	la grippe	die Grippe
16O	le match de football [ləmatʃdəfutbol]	das Fußballspiel
	le football	der Fußball
16R	De qui a-t-il peur?	Vor wem hat er Angst?
	donner son avis à quelqu'un	jemandem seine Meinung sagen
	changer d'avis	die Meinung ändern

Lektion 17

17A	une enquête	eine Untersuchung, eine Nachforschung
	le rendez-vous	die Verabredung
	j'ai rendez-vous	ich habe eine Verabredung
	un employé, une employée	ein Angestellter, eine Angestellte
	d'assez modeste condition	in ziemlich bescheidenen Verhältnissen
	modeste	bescheiden
	la condition	die Stellung, die Bedingung
	Il veut me parler. [ilvøm(ə)parle]	Er will mit mir sprechen.
	parler à quelqu'un	mit jemandem sprechen
	paraît-il	so scheint es
	j'espère [ʒɛspɛr]	ich hoffe
	espérer [ɛspere]	hoffen
	J'ai un film à voir.	Ich muß mir einen Film ansehen.
	Le voilà!	Hier ist er!
	garer la voiture	parken
	arriver	(an)kommen
	bientôt	bald
	soupçonner [supsɔne]	verdächtigen, in Verdacht haben
	le comptable [ləkɔ̃tabl(ə)]	der Buchhalter, der Rechnungsführer
	important, e	wichtig, beträchtlich
	le détournement	die Unterschlagung
	Il m'a demandé ...	Er hat mich gebeten ...
	demander	fragen, bitten, ersuchen
	faire arrêter	festnehmen lassen
	discret, ète [diskrɛ, ɛt]	diskret, zurückhaltend
	discrètement *(Adverb)*	ohne Aufsehen
	voyez-vous	sehen Sie
	innocent, e [inɔsɑ̃, ɑ̃t]	unschuldig
17B	le coupable	der Schuldige
	le détective	der Detektiv

17C	la leçon [laləsõ]	die Lektion, die Unterrichtsstunde
	écrire	schreiben
	réparer	reparieren
	un annuaire [ɛ̃nanɥɛr]	ein Telefonbuch
	faire un numéro	eine Nummer wählen
	la police-secours [lapɔlissəkur]	das Überfallkommando, die Funkstreife
	le secours [ləs(ə)kur]	die Hilfe
	les pompiers *m/pl*	die Feuerwehr
	le danger	die Gefahr
	la voiture de sport [lavwatyrdəspɔr]	der Sportwagen
	Il y a le feu!	Es brennt!
17D	le salaire	der Arbeitslohn, das Gehalt
	Demande à maman! [dmɑ̃damamɑ̃]	Frage die Mama!
17E	le facteur	der Briefträger
	le passant	der Passant
	la bonne route	die richtige Straße
	la cliente	die Kundin
	le garagiste	Inhaber einer Autoreparaturwerkstatt
	le vendeur	der Verkäufer
17F	encaisser	einlösen, einkassieren
	Désolé(e).	Es tut mir leid.
	au nom de [onõdə]	auf den Namen
17G	le congé	der Urlaub
17L	la publicité	die Werbung
	marcher	gehen, marschieren, laufen
17P	vouloir [vulwar]	wollen
17Q	changer de place	den Platz wechseln
	le docteur	der Arzt
	je suis garé(e)	ich habe geparkt
	en double file	in zweiter Reihe
	la file [lafil]	die Reihe
17S	Quel temps fait-il?	Wie ist das Wetter?
	il pleut [ilplø]	es regnet
	le ciel	der Himmel
	couvert, e [kuvɛr, kuvɛrt(ə)]	bedeckt
	le Massif Central	das Zentralmassiv
	une averse	ein Platzregen
	le sud-est [ləsydɛst]	der Südosten
	l'est *m* [lɛst]	der Osten
	le nord [lənɔr]	der Norden
	l'ouest *m* [lwɛst]	der Westen
	il fait du vent [ilfɛdyvɑ̃]	es ist windig
	le vent [ləvɑ̃]	der Wind
	il neige	es schneit
	les Alpes *f/pl* [lezalp(ə)]	die Alpen
	il fait doux [ilfɛdu]	es ist mild
	doux, douce [du, dus]	mild, süß, weich
	la côte atlantique	die Atlantikküste
	nuageux, se [nɥaʒø, øz]	bewölkt

il fait du soleil	es ist sonnig
le soleil [ləsɔlɛj]	die Sonne
il fait beau	es ist schön
il fait froid	es ist kalt
brumeux, se [brymø, øz]	neblig
le verglas [ləvɛrgla]	das Glatteis
la question [lakɛstjõ]	die Frage
Posez des questions!	Stellen Sie Fragen!

Lektion 18

18A	le lecteur	der Leser
	la parole	das Wort, die Sprache
	écouter	hören, anhören
	le «journal»	die Nachrichten, die Tagesschau
	sur T. F. 1 (télévision française)	auf T. F. 1
	les trois quarts [letrwakar]	dreiviertel, *hier:* meist(ens)
	une émission	eine Sendung
	la politique	die Politik
	à la longue [alalõg]	auf die Dauer
	devenir [dəvnir] (*wie venir* L 15)	werden
	fatigant	ermüdend
	ne . . . personne	niemand
	s'intéresser à [sɛ̃teresea]	sich interessieren für
	le blabla	das Gerede
	à table	bei Tisch
	une famille sur deux	jede zweite Familie
	se priver d'une chose	sich um etwas bringen
	la journée	der Tag, der Tagesverlauf
	les parents *m/pl* [leparã]	die Eltern
	se retrouver	sich einfinden, sich versammeln
	autour de . . .	um . . . (herum)
	ils peuvent parler [ilpœvparle]	sie können reden
	la soirée	der Abend, die Abendzeit
	gros, grosse [gro, gros]	groß, dick, stark
	le consommateur	der Konsument, der Verbraucher
	s'éclairer	aufleuchten, sich erhellen
	chacun, chacune [ʃakɛ̃, ʃakyn]	jeder, jede
	le canapé	das Kanapee
	se coucher	zu Bett gehen
	rester assis	sitzen bleiben
	le petit écran [ləptitekrã]	der Fernsehschirm, das Fernsehen
	énerver	aufregen
	Ils dorment mal. [ildɔrm(ə)mal]	Sie schlafen schlecht.
	s'installer	sich einrichten, sich niederlassen
	le skaï [ləskai]	Skai *(Kunstleder)*
	le match, les matches *od.* les matchs	der Wettkampf
	supporter	ertragen

	le bout [ləbu]	das Ende
	comme	da, weil
	se lever	aufstehen, sich erheben
	Je me lève tôt.	Ich stehe früh auf.
	fatigué, e [fatige]	müde
	s'endormir [sɑ̃dɔrmir]	einschlafen
	je m'endors [ʒmɑ̃dɔr]	ich schlafe ein
	une demi-heure	eine halbe Stunde
	le début [lədeby]	der Anfang
	présent, e	anwesend
	l'Europe *f*	Europa
	un industriel	ein Industrieller
	s'enthousiasmer [sɑ̃tuzjasme]	sich begeistern
	la kermesse	die Kirmes, das Volksfest
	C'est toujours la kermesse.	Das ist immer eine «Schau».
	un amuseur	ein Witzbold, ein Spaßmacher
	même si	selbst wenn
	le gréviste	der Streikende
	se promener [səprɔmne]	spazierengehen, -fahren
	ils se promènent [ilsəprɔmɛn]	sie gehen spazieren
	la pancarte	das Transparent, das Plakat, das Schild
	la caméra	die Filmkamera
	en deux mots	mit zwei Worten
	le sourire	das Lächeln
	remettre à sa place	auf seinen Platz verweisen
	le prince	der Prinz
	la princesse	die Prinzessin
	manifester	kundtun, bekunden
	l'enthousiasme *m* [lɑ̃tuzjasm]	die Begeisterung
	un artiste	ein Künstler
	présenté par	vorgestellt von
18C	la tendance	die Tendenz
	le téléspectateur	der Fernsehzuschauer
	un inspecteur	ein Inspektor
	mener	führen
	je mène *(Akzent in den stammbetonten Formen wie: se promener)*	ich führe
	le jeu policier	das Kriminalspiel
	le grand film	der Spielfilm
	allumer	anschalten, anknipsen, anzünden
	les actualités *f/pl*	die Nachrichten
	régional, e	regional
	un opéra	eine Oper
	les animaux chez eux [lezanimoʃezø]	die Tiere in ihrer Umwelt
	un animal, les animaux [lezanimo]	das Tier, die Tiere
	la chauve-souris [laʃovsuri]	die Fledermaus
18D	se déranger	sich stören lassen
	se débrouiller [sədebruje]	sich zu helfen wissen, sich durchschlagen
18G	lâcher [lɑʃe]	loslassen

	le frein [ləfrɛ̃]	die Bremse
18K	apprendre quelque chose à quelqu'un	jemandem etwas beibringen
	travailler de ses mains	mit der Hand arbeiten
	transporter	transportieren, befördern
	un uniforme	eine Uniform
	le représentant [lərəprezɑ̃tɑ̃]	der Vertreter
18N	la fin [lafɛ̃]	das Ende, der Schluß

Lektion 19

19A	interdit, e [ɛ̃tɛrdi, it]	verboten
	le chemin [ləʃmɛ̃]	der Weg
	un accès [ɛ̃naksɛ]	ein Zugang
	privé, e	privat
	la plage	der Strand
	municipal, e	gemeindlich, städtisch, Stadt-, Gemeinde-
	la moitié [lamwatje]	die Hälfte
	une quinzaine [ynkɛ̃zɛn]	etwa 15
	le plagiste	*Verleiher von Liegen und Sonnenschirmen am Strand*
	l'équipement *m* [lekipmɑ̃]	die Ausstattung, die Ausrüstung
	le snack [ləsnak]	die Snackbar
	la cabine	die Kabine
	la rangée	die Reihe
	le parasol	der Sonnenschirm
	théoriquement	theoretisch
	l'entrée *f*	der Eintritt
	payant, e	gebührenpflichtig
	le vestiaire [ləvɛstjɛr]	die Garderobe
	vestiaire obligatoire [vɛstjɛrɔbligatwar]	Garderobenzwang
	quand on lit	wenn man liest
	le paiement [ləpɛmɑ̃]	die Zahlung
	l'arrivée *f*	die Ankunft
	Le paiement se fait à l'arrivée.	Bezahlung bei Ankunft.
	Qu'est-ce qui . . .? [kɛski]	Was . . .?
	minimum [minimɔm]	mindestens
	dépenser	ausgeben
19B	la querelle	der Streit
	ailleurs [ajœr]	anderswo
	Pourquoi donc? [purkwadõ]	Warum denn?
	un emplacement	ein Platz
	louer	vermieten, verleihen, mieten
	le matelas [ləmatla]	die Matratze
	parfait, e [parfɛ, ɛt]	perfekt, vollkommen
	J'ai parfaitement le droit de . . .	Es ist mein gutes Recht . . .
	le droit [lədrwa]	das Recht
	gêner [ʒene]	behindern, beengen, stören
	Eux, ils ont . . . [ø, ilzõ]	Sie *(betont)* haben . . .

	Vous croyez? [vukrwaje]	Sie glauben, ihr glaubt . . .?
	les gosses *m* und *f*	die Kinder *(umgangssprachlich)*
	Sortez de là!	Gehen Sie (geht) hier weg! Verschwinden Sie!
	sortir	ausgehen, herausgehen, hinausgehen
	Vous me prenez pour qui?	Für wen halten Sie mich?
	le mètre	das Meter, der Meter
	au bord de la mer	am Strand
	accessible	zugänglich
	gratuit, e [gratɥi, ɥit]	gratis
	gratuitement *(Adverb)*	gratis
	Fichez-moi le camp. [fiʃemwalkɑ̃]	Verschwinden Sie! Hauen Sie ab! *(umgangssprachlich)*
	avoir raison	recht haben
	Elle a parfaitement raison.	Sie hat völlig recht.
19D	les conserves *f/pl*	die Konserven
	le papier	das Papier
	le transistor	das Transistorradio
	propre	sauber
	bronzer	bräunen, braun werden
19E	nettoyer [nɛtwaje]	reinigen, saubermachen
	salir (*wie finir* L 12)	beschmutzen, schmutzig machen
19F	jouer de la guitare	Gitarre spielen
19G	le filet	das Filet
	la truffe	der Trüffelpilz
19I	inviter	einladen
19L	brillant, e [brijɑ̃, ɑ̃t]	glänzend
	une idée	eine Idee
	hors saison [ɔrsɛzõ]	Vor- bzw. Nachsaison
	la saison	die Saison
19M	placer	setzen, stellen, legen
	à l'arrière	auf den Rücksitz, nach hinten
	protéger	beschützen
	respecter	respektieren, beachten
19N	Je n'arrive pas à . . .	Es gelingt mir nicht . . .
	aider quelqu'un	jemandem helfen
19O	jeter par la fenêtre	aus dem Fenster werfen
	faire réparer par un bricoleur	von einem Bastler reparieren lassen

Lektion 20

20A	le domaine	die Besitzung, das Landgut
	le moulin à vent	die Windmühle
	le Beaujolais	*Weinbaugebiet nördlich von Lyon, zwischen Mâcon und Lyon*
	le village [ləvilaʒ]	das Dorf
	commencer	beginnen, anfangen
	la vendange [lavɑ̃dɑ̃ʒ]	die Weinernte, die Weinlese

	les vendanges *f/pl*	die Weinlesezeit
	Nous avons gardé un si bon souvenir de toi.	Wir haben Dich in so guter Erinnerung.
	le souvenir	das Andenken, das Souvenir
	exact, e [ɛgza(kt), ɛgzakt(ə)]	pünktlich, genau, exakt
	vers le 20 septembre [vɛrləvɛ̃sɛptɑ̃br(ə)]	gegen, um den 20. September
	elle pourra venir [ɛlpuravnir]	sie wird kommen können
	Tu n'as qu'à nous dire . . .	Du mußt uns nur sagen . . .
	Nous irons vous chercher.	Wir werden Sie (euch) abholen.
	aller chercher	abholen *(hingehen um abzuholen)*
	nous payerons [nupɛjrõ]	wir werden bezahlen
	Elle est devenue gentille.	Sie ist nett (lieb) geworden.
	elles seront là [ɛlsərõla]	sie werden da sein
	pour les vendanges	zur Weinlese
	Tu n'auras pas de difficultés.	Du wirst keine Schwierigkeiten haben.
	la difficulté	die Schwierigkeit
	lire	lesen
	Meilleur souvenir	Herzliche Grüße
	de ma part	von mir
20 B	accompagner	begleiten
	Nous arriverons par le train.	Wir werden mit dem Zug kommen.
	venir chercher	abholen *(kommen um abzuholen)*
	Meilleures amitiés *f/pl*	Herzliche Grüße
20 C	faire les vendanges	bei der Weinernte arbeiten
	Adressez-vous à . . .	Wenden Sie sich an, wendet euch an
	s'adresser à	sich wenden an
	la documentation	die Dokumentation
	une information	eine Information
	rural, e	ländlich, das Land betreffend
20 E	le kilomètre	der Kilometer
	le cours de vacances	der Ferienkurs
	le travail temporaire	die Gelegenheitsarbeit
20 F	Nous voterons pour lui.	Wir werden für ihn stimmen, ihn wählen.
	voter	stimmen, abstimmen, wählen
20 G	reconnaître (*wie connaître* L 14)	wiedererkennen
	la formule de politesse	Briefschluß
20 H	Ne quittez pas.	Bleiben Sie am Apparat!
	Je vous passe	Ich geben Ihnen . . . .
20 K	la locomotive	die Lokomotive
20 Q	la force	die Kraft
	le fossé [fose]	der Graben
	creuser [krøze]	(aus)graben
	se trouver	sich befinden

WORTSCHATZREGISTER

Die Zahlen und Buchstaben verweisen auf die Lektionsabschnitte, in denen ein Wort oder Ausdruck zum erstenmal vorkommt. Erfolgt die systematische Behandlung erst später, so wird der betreffende Lektionsabschnitt ebenfalls angegeben.

chéri(e) 16G
chez 3B
chez vous 4E
chic 7B
chien 8A
chocolat 9C
choisi 9B
choisir 12D
choix 10K
chose 11A
ciel 17S
cigarette 2E
cinéma 6C
circulation 12A
citron 9C
clair, e 7F
classe 1A
clé 1A
client 3G
cliente 17E
climatisé 12C
cochon 9E
cochonnaille 9E
cochonnet 15B
coffre 8A
coiffeur, euse 1C
coin 14A
Cointreau 9C
collant 7A
collectif, ve 6B
collection 7E
collègue 16G
combien 1B
comédie 3C
commander 16L
comme *(als)* 9B
comme *(wie)* 13B
comme *(da, weil)* 18A
comme ça 15A
commencer 13N, 20N
comment 7C
commerçant 14A
commun, e 12Q
complet, ète 9C
complètement 10B 19E
compliment 14M
comprendre 13F
compris 9A
comptable 17A
comptant 14C
comptes 14A
condition 17A
conducteur 16C
conduire 12D
confectionner 7D
confortable 10C
congé annuel 4C
connaître 14F
conserver 7D
conserves 19D
consommateur 18A
constater 7D
consulter 3M
continuer 13H
contre 8B
contrôleur 1C
conversation 1C
coq 9B
cornet 6B
correspondant 13A
correspondre 5E, 11C
costume 13P
Côte 4B
côte atlantique 17S
à côté 8D
côtelette 8O
coucher 6B
se coucher 18A
couleur 7C
coupable 17B
couper 11A
couple 15A
cour 12B
courrier 14E
cours 20E
courses 12A
court, e 7D
cousin, e 8P
coûter cher 6B
couvert, e 17S
cravate 13P
crème 11A
creuser 20Q
crime 16A
critiquer 4C
croix 14A
croque-monsieur 9A
vous croyez 19B
crudités 9B
cuir 7D
cuisine 11A
cuisiner 15A

dame 3M
danger 17C
dangereux, se 8B
dans 2B
danse 6C
danser 11H
danseuse 1C
date 13N
de 1A
de + Artikel 6G
de la, de l', du, des 9F
debout 11A
débrouiller 18D
début 18A
décembre 13N
décider 16A
découvrir 16H
dégoûtant, e 16A
déjà 6F
déjeuner 15A
demain 10O
demander 6C, 17D
demi-heure 18B
demi-litre 9B
demi-pension 6B
départ 12K
dépenser 19A
dépenses 14A
depuis 11L
déranger 18D
dernier, ère 13B
des 2G
descendre 11C
désert, e 5A
désirer 2A, 6K
désolé 17F
dessert 9B
détail 10A
détester 11A
détournement 17A
deux 1A
deuxième 3A
devant 3E
devenir 18A
Dieu 7I
différence 14C
difficulté 20A
dimanche 3E
dîner 9A
dîner 4B
dire 7A, 15K
direction 1C, 12K
discret, ète 17A
discussion 12F
disque 15B
distraction 4C, 12C
distributeur 15B
dix 2C, 3F
docteur 17Q
documentation 20C
domaine 20A
dommage 5B
donc 10A
donner 14A
dormir 18L
doute 5B
doux, ce 17S
drogue 16A
drogué 16A
droit *(Recht)* 19B
droit *(gerade)* 3C
à droite 3C
dur, e 11A
durer 11A

eau 4D
eau minérale 9C
échanger 7C
s'éclairer 18A
école 13C
économe 14B
économiser 7A
écouter 18A
écran 18A
écrire 17C
église 10A
eh bien? 8D, 17A
électricien 8C
électrotechnicien 8C
élégant, e 5P
elle, elles 5A
embouteillage 10B
émission 18A
emplacement 19B
emploi 11B
employé 17A
emporter 11A
en 11A, 12G
en cuir 7D
encaisser 17F
encore 6F
s'endormir 18A, 18L
énervant 8B
énerver 18A
enfant 8A
enfer 12B
ennui 14B
enquête 17A
ensemble 7E
ensemble 16A
ensuite 3C
entendre 11A, 11C
enthousiasme 18A
s'enthousiasmer 18A
entièrement 12C
entre 11A
entrecôte 9B
entrée 19A
entrer 13C
enveloppe 2A
environs 12A
épicerie 4A
épicier 15A
épinards 11A
époque 16A
équipement 19A
Espagne 13E
espérer 17A, 17N
essayer 7M
l'est 17S
est-ce que 6A, 6D
estimer 14A
et 2A
été 13N
étrange 16A
étranger, ère 5A
étranger 13E
être 1A, 4G
être à 12A
études 13C
étudiant 13C
Europe 18A
eux 19B, 19K
événement 11D
Evian 9C
exact, e 20A
examen 13C
excursion 3E
excusez-moi 1A
exemple 19D
exercice 14M
extravagant, e 15I

fac(ulté) 13C
facile 11A
facteur 17E
faible 13C
faim 4B
faire 10B, 14L
il fait beau 15S
il fait chaud 5A
il fait doux 17S
il fait du soleil 17S
il fait du vent 17S
il fait froid 17S
faire faire 17K
famille 4B
fatigant 18A
fatigué 18A
il faut 10A
faute 13C
fauteuil 6A
féminin, e 7B
femme 7A
fenêtre 16L
fermé 4B
fermer 12B
fermeture 4B
festival 6A
fête 6A
feu 7O
février 13N
ficher 19B
file 17Q
filer 16A
le filet 19G
fille 11A
film 18A
film policier 12L
fils 14O
fin 18N
finir 12A, 12D
flacon 5K
flâner 5A
fleur 12B
fois 13B
foncé 7C
football 16O
force 20Q
forcément 5D
formule de politesse 20G
fort, e 5E
fossé 20Q

rituel 11A
rive droite 4E
robe 7A
rôle 15A
Rome 13E
rond, e 5D, 5F
rosé 9B
rouge 9B
route 14P
rue 2B
rural, e 20C

sa 8A, 8F
sac 2C
saignant, e 9B
saison 19L
je ne sais pas 7C
salade 9A
salaire 17D
salir 19E
saloperie 11A
samedi 4E
sandwich 9A
sans 5B
santé 11A
sauce 9K
sauf 7E
scène 16C
second,e 4F
secrétaire 1C
sécurité 13F
séjour 13B
semaine 11K
sembler 10B
septembre 13N
sérieux, se 5E, 5F
serveuse 8C
service 9A
seul, e 4C, 5F
seulement 4C
si *(wenn)* 7D
si *(ob)* 6C
si *(doch)* 16L
si *(so)* 20A
siècle 15M
signature 3G
signal 8E
s'il vous plaît 2A
simple 9C
sincère 13G
skaï 18A
ski 13E
snack 19A
sœur 8F
soir 4C
soirée 18A
soldes 14A
soleil 17S
solution 14B
somme 14A
son, sa, ses 8F
sorte 12A
sortie 12N
sortir, 19A, 19H
soufflé 9C
souhaiter 16A
soupçonner 17A
sourire 18A
sous 9A
souterrain 10P
souvenir 20A
souvent 6C
spaghettis 11A
spectacle 11K
sport 17C
sportif, ve 7B
station 8C
stationner 12N
sténodactylo 1C
stylo à bille 2A
sud-est 10K
ça suffit 6B
superbe 16A
supermarché 11I
supporter 18A
sur 3A
sur moi 14A
sûr, sûre 6B
surface 10N
surprise 9E
surtout 7D
sympa(thique) 13A
syndicat d'initia-
tive 3C

ta 8F
tabac 10A
table 1B
à table 18A
taille 7C
tailleur 7E
tam-tam 12B
tant 12A
tard 7D
tarder 7D
tarte 9B
tasse 9F
tâter 16A
taxi 3L
tee-shirt 10O
télé 4C
téléphoner 15D
téléspectateur 18C
télévision 2I
temps *(Wetter)* 9A
temps *(Zeit)* 11O
tendance 18C
tenir 15A, 15K
tenter 5A
tente 6B
terminé 9B
terminus 10A
terrain 1C
tête 3L
thé 9C
théâtre 3E
théoriquement 19A
ticket de caisse 7D
ticket 10A
timbre 2A
tir 15B
tissu 7D
toi 19K
toile 12E
tomate 9C
tomber 3B, 6K
ton, ta, tes 8F
tôt 13C
toujours 6C
tour 13K
tourner 3C, 6K
tout, toute,
tous, toutes 11I
c'est tout 2A
tout à fait 12A
tout de suite 15A
tout droit 3C
tout le monde 4C
train 3B
traîner 15A
tram(way) 10C
tranquille 12A
transistor 19D
transport 10B
transporter 18K
travail 11A
travail temporaire
20E
travailler 6B
traverser 3C, 6K
tréma 3H
très 3B
tricot 8D
tricoter 8M
triste 5B
tromper 16A
trop 6B
trottoir 6A
trouver 7A
se trouver 20Q
tuer 11A
Tuileries 4E
type 16M

un, une 2A, 2G
uniforme 18K
urbaniste 12A
urgent 8C
usine 11A

vacances 4A
vaisselle 11A
valeur 14A
vélo 10C
vendange 20A
vendeur 18K
vendre 14A
vendredi 13N
venir 15K
venir chercher 20L
venir de 15L
vent 17S
ver 15B
verger 6B
verglas 17S
vers 20A
vert, e 8E
vestiaire 19A
vêtement 7B
viande 9A
Vichy 9C
vie 11A
vieille 14O
vieux 11A
villa 1C
village 20A
ville 2A
vin 9B
visiter 10A
visiteur 10C
vite 7D
vitrine 14O
Vittel 9C
vivre 16A
voie 3A
voilà 1A
le voilà 17A
nous voilà 8A
voir 13F
voiture 2D
vol 16A
volant 3D
voler 16A
vos 7H
voter 20F
votre 2C, 7F
je voudrais 13B
vouloir 8A, 17P
voyage 13A
voyager 6C
vous 1A, 19K
vous voyez 5P
vrai, e 16A
vraiment 12A
vue 10C

week-end 7D

y 13I
yaourt 11A

zéro 3F
zone 12A
zoo 9A
zoologique 9A

GRAMMATIKREGISTER

Die Seitenangaben beziehen sich auf die systematische Grammatikübersicht. Die grammatischen Fachausdrücke sind lateinisch, deutsch und französisch aufgeführt.

Der Verlag dankt den folgenden Personen, Institutionen und Unternehmen für die freundliche Genehmigung zum Abdruck von Copyright-Material:

Badert, Ici Paris (Paris): Zeichnung S. 125
Hans G. Bauer (München): Fotos S. 9, 10, 14, 15, 16, 20, 22, 24, 26, 28, 29, 32, 37, 38, 39, 40, 43, 46, 47, 52, 53, 58, 59, 60, 66, 69, 70, 71, 78, 79, 82, 85, 86, 88, 92, 93, 95, 100, 101, 107, 115, 116, 120, 121, 122, 129, 130, 132, 137, 138, 141
René Caillé (Golfe Juan): Zeichnung S. 134
François Caut (Yerres): Zeichnung S. 50 (KO)
Chen, Intermonde-Presse (Paris): Zeichnungen S. 81, 108, 116
Pierre Cochet (Poissy): Zeichnungen S. 9, 28, 49, 80
Editions Europa (Paris): Auszug aus „Guide Paris-Bus", S. 64
Editions de Vaillant (Paris): Zeichnung S. 68
EV/AREDIP (Paris): Bildgeschichten «Les Enquêtes de M. Loupe», S. 114, 117
Gabriel Edme (Paris): Zeichnungen S. 66, 138
Jacques Faure (Villepreux): Zeichnung S. 28
Fortune, Ici Paris (Paris): Zeichnung S. 143
Jean Blond (Angers): Zeichnung S. 104 (Géric)
Jean-Marie Giraud (Poissy): Zeichnungen S. 15, 45, 66, 69, 110, 124
André Hervé (Grenoble): Zeichnungen S. 12, 25, 88 (Hervé)
René Hovivian (Paris): Zeichnungen S. 27, 55, 63, 70, 97 (Hoviv)
Lassalvy, Ici Paris (Paris): Zeichnung S. 73
Jacques Lavergne, Presseagentur Pandis GmbH (München): Zeichnungen S. 90, 98
Le Méridional (Marseille): Zeichnung S. 134
Le Provençal (Marseille): Zeichnungen S. 50, 72, 127
Roger Marquot (Champigny): Zeichnungen S. 120, 126
Michel Piédoue (Mareil-sur-Mauldre): Zeichnungen S. 34, 85
Pneu Michelin (Paris): Carte de France no. 989, S. 22, Extrait du guide du pneu Michelin Paris et sa banlieue, S. 78
Pouzet, Intermonde-Presse (Paris): Zeichnung S. 113
Claude Raynaud (Saint Maurice): Zeichnung S. 74
Hervé des Vallières (St. Cloud): Zeichnung S. 105
Guy Valls (Paris): Zeichnungen S. 95, 106, 119
André Vigno (Saint-Gilles): Zeichnung S. 99

Die Zeichnungen S. 13, 14, 18, 33, 54, 74, 89, 111, 140 wurden von Herbert Horn (München) angefertigt.
Werner Eckhardt: 2. und 3. Umschlagseite

Titelbild: Herbert Brendel, München

Wichtige Begleitmaterialien zu Lebendiges Französisch 1

Roswitha Schmid-Sesterhenn

Arbeitsbuch 1

Das *Arbeitsbuch* ist ein wichtiger Bestandteil des Lehrwerks. Es enthält vielseitige, ansprechende Übungen zur Festigung des Wortschatzes, der Redewendungen und der grammatischen Strukturen. Die Förderung mündlicher und schriftlicher Ausdrucksfähigkeit wird ergänzt durch Übungen zum Hör- und Leseverstehen. Wiederholungsübungen und Testbatterien erlauben den Kenntnisstand in regelmäßigen Abständen zu prüfen.
Hueber-Nr. 3.3131

Tonmaterial

Zu *Lebendiges Französisch 1* gibt es Tonaufnahmen auf Schallplatte, Cassette und Tonband zum Einsatz in der Klasse, im Sprachlabor oder zu Hause. Sie schulen das Hörverstehen, helfen neue Strukturen einzuüben und entwickeln und erweitern die sprachliche Kompetenz.

ergänzend zum Lehrbuch:

- **Schallplatten**
  mit Lektionstexten ohne Nachsprechpausen, Hueber-Nr. 4.3131
- **Cassetten**
  mit Lektionstexten ohne und mit Nachsprechpausen, Hueber-Nr. 5.3131
- **Tonband**
  mit Lektionstexten ohne und mit Nachsprechpausen, Hueber-Nr. 6.3131
- **Cassetten**
  mit Sprechübungen des Lehrbuches, Hueber-Nr. 8.3131
- **Tonband**
  mit Sprechübungen des Lehrbuches, Hueber-Nr. 9.3131

ergänzend zum Arbeitsbuch:

- **Cassetten**
  mit Sprechübungen und Hörverstehensübungen, Hueber-Nr. 10.3131
- **Tonband**
  mit Sprechübungen und Hörverstehensübungen, Hueber-Nr. 11.3131

MAX HUEBER VERLAG ISMANING BEI MÜNCHEN

Ergänzende Materialien für Fortgeschrittene

Albert Raasch
Lernerfolgstests Französisch
Schwerpunkt Hörverstehen

Schülerheft
70 Seiten, DIN A 4, längsseitig geblockt, Hueber-Nr. 2.3128

1 Compact-Cassette
beide Halbspuren bespielt, Laufzeit 40 Min., Hueber-Nr. 3.3128

Lernerfolgstests Französisch überprüfen in erster Line das *Hörverstehen.* Die aufgenommenen Alltagsdialoge konzentrieren sich in erster Linie auf bestimmte grammatikalische Probleme des 1. und 2. Lernjahres. Der Lerner zeigt, ob er das Gehörte verstanden hat und in der Lage ist, darauf sprachlich richtig zu reagieren, indem er auf seinem Antwortbogen eine der vorgegebenen Auswahl-Antworten ankreuzt. Diese Lösungen werden dann vom Lehrer ausgewertet.

Albert Raasch
Leseverstehen Französisch
Übungstexte mit Testaufgaben und Lösungen
Hueber-Nr. 3137

Leseverstehen Französisch ist eine Sammlung von authentischen französischen Texten zum Üben und Testen des Leseverstehens. Der Lerner wird mit einer Vielzahl von Textsorten konfrontiert: Annoncen, Prospekten, Ankündigungen, Gebrauchsanweisungen und Hinweisschildern, daneben Briefe und Kurzmitteilungen sowie Auszüge aus Zeitungen und Zeitschriften. An die Texte schließen sich Auswahlfragen an, die der Lerner ankreuzt. Ein Lösungsschlüssel befindet sich am Ende des Bandes. *Leseverstehen Französisch* kann im 2. und 3. Lernjahr eingesetzt werden.

MAX HUEBER VERLAG ISMANING BEI MÜNCHEN